アンジェ・ポステコグルー
変革者

Ange Postecoglou
Revolution

著：ジョン・グリーチャン
訳：高取芳彦　解説：下田恒幸

TOYOKAN BOOKS

1999年、シドニー・ユナイテッドをプレーオフ決勝で下し、サウスメルボルンFCはアンジェ・ポステコグルー監督の下、リーグ2連覇を達成する。【写真:Getty Images】

2000年からは、国内リーグでの活躍が評価され、育成年代（U17、U20）の代表監督を務めることになる。しかし2007年、U20ワールドカップの出場権を逃して解任された。【写真:Getty Images】

2010／11シーズンにはAリーグで完全優勝を果たし、監督としての評価を取り戻す。FCバルセロナのようなサッカースタイルを見せ、サポーターからは〝ロアセロナ〟と称された。
【写真:Getty Images】

2009年、国内のブリスベン・ロアーの監督に就任。当時、2週間限定の暫定コーチとしてクラブに帯同していた元オランダ代表のパトリック・クライファート（写真左）とポステコグルー。【写真:AAP/アフロ】

2013年、ドイツ人監督のホルガー・オジェックの後任に就き、翌年のワールドカップ・ブラジル大会出場を決めていたオーストラリア代表監督を引き継いだ。【写真:アフロ】

2015年アジアカップでは、オーストラリア代表を優勝に導く。決勝の相手はグループリーグで敗戦を喫していた韓国。延長戦の末に2-1で下し、初優勝を飾った。
【写真:Getty Images】

アジアカップ初制覇の偉業により、2015年アジア年間最優秀監督賞(男子)を受賞したポステコグルー監督。
【写真:ロイター/アフロ】

2017年、オーストラリアは大陸間プレーオフで北中米・ホンジュラスとの戦いを勝ち抜き、ロシア大会ワールドカップ出場を決めた。試合終了後、抱き合うティム・ケーヒルとポステコグルー。
【写真:ロイター/アフロ】

2018年からは横浜F・マリノスの指揮官として、Jリーグの舞台へ。ピーター・クラモフスキーヘッドコーチ、今矢直城通訳らとともにセレッソ大阪との初戦に挑むポステコグルー監督。【写真:J.LEAGUE/Getty Images】

破壊的な超攻撃サッカーを展開し続け、就任2年目にしてクラブを15年ぶりのJリーグ優勝に導く。
【写真:Getty Images】

2021年、スコットランドの強豪セルティックに新監督として就任。
【写真:PA Images/アフロ】

セルティック監督就任1年目のシーズンは、開幕直後こそややつまずいたものの、第7節以降は無類の強さを誇り、2年ぶりのリーグタイトルを手に入れた。シーズン途中に加入した前田大然の活躍も大きかった。
【写真:ロイター/アフロ】

2022／23シーズンもとどまることを知らず、2シーズン連続でリーグとカップ戦を制覇。同じくセルティック2年目の古橋亨梧もリーグ戦で27得点を挙げ、得点王に輝くなどチームの連覇に大きく貢献した。
【写真:PA Images/アフロ】

2023／24シーズンは少年時代からの憧れであったプレミアリーグの舞台へ。トッテナム・ホットスパーFCの監督に就任し、第10節まで無敗を誇り首位を走った。【写真:ロイター/アフロ】

目 次

本書を父に捧げる。父は1970年代の移民の波に乗り、若い家族を連れてカナダに渡った。日勤、夜勤、遅番と、あらゆる時間に働きながら、サッカーの話をするエネルギーを決して失わなかった。そして母にも。母はいつも、勝ち負けよりも全力を尽くして楽しむほうが大切だと教えてくれた。それから、もちろんルーカスにも。彼は私には決してたどり着けないほど深く、サッカーを理解している。

はじめに

サウスメルボルン発、ノースロンドン行き

これから、驚異的な旅と冒険の物語をお伝えする。主人公はオーストラリアに住むギリシャ系移民の少年だ。イングランドサッカーに野蛮さ、苛烈さ、洗練、美が同居していた時代、彼は深夜のメルボルンに届く試合中継を画質の粗いテレビで見る日々を通じ、父親と特別な絆を育んだ。父親は徹底的な合理主義者で普段は厳格だったが、襲いくる敵を華麗に翻弄《ほんろう》するリーズ・ユナイテッドを息子に見せようとするときは、いつも柔和になった。

少年の名はアンジェ・ポステコグルー。彼は将来、イングランドの強豪トッテナム・ホットスパーFCの監督の座にまで駆け上がる。壮大なサクセスストーリーに事欠かないプロサッカーの世界では、この成功譚もありえない話ではないかもしれない。しかし、単純な移動距離

や、制覇してきたリーグのレベルの幅広さを見れば、メルボルン市郊外のプララン地区（世界史上まれに見る影響力を有したギリシャ系移民居住地で、現在もギリシャ系住民が多い）の少年が今いる場所にたどり着くまで、途方もない道のりがあったことは間違いない。振り返れば、その旅路は常に、イングランドの名門クラブの監督になる未来へと続いていた。ギリシャに生まれ、オーストラリア人となった彼は、サッカーに関しては世界市民となった。イングランド発祥のこの競技は、彼の成長に否定しえない影響を与えていた。

1970年代、アンジェ少年はイングランドサッカーに夢中になった。そして、興奮に満ちたリーズ・ユナイテッドの試合を見るよう厳格な父に仕向けられながらも、リバプールFCに魅了された。それ以来、ケニー・ダルグリッシュは彼の憧れであり続けている。

イギリス系移民が多く、その母国とのつながりが強いオーストラリアでは、イングランドの試合だけが必ずテレビ中継されていた。ポステコグルーが育った時代、オーストラリアでサッカーの試合を欲していたのはイングランド系移民だけではなかった。不慣れな慣習と排他的な扱いに満ちた土地に住むヨーロッパ系移民すべてにとって、イングランドリーグはどれだけ強調しても足りないほど重要だった。だから、〝ニュー・オーストラリアン〟と呼ばれた非イギリス系移民にも、イギリスのテレビ局ITVのアナウンサー、ヒュー・ジョンズ（本国ではミッドランド地方の試合で実況を長く務めたことで知られる）からサッカーを学んだ世代がいる。オーストラリアンフットボールやクリケット、場所によってはラグビー（15人制であれ13人制であれ）に食傷気味になり、ジョンズが司会を務めた「スター・サッカー」やライバルの「マッチ・オブ・ザ・デイ」、のちの「ザ・ビッグ・マッチ」といった名番組からイングランドサッカー情報を摂取していたのだ。地元クラブのサウスメルボルン・ヘラスＦＣ（「ヘラス」は〝ギリシャ〟を意味するギリシャ語。のちにサウスメルボルンＦＣに改名する）の情報はメルボルンのギリシャ語新聞で事足りたかもしれないが、ポステコグルーはそれに飽き足らず、『シュート！』や『マッチ』の同じ号を繰り返し読んでいた。どちらも、イギリスの若者に人気があったサッカー雑誌だ。本国で最新号が発売されてからメルボルンの書店に並ぶまで1カ月待たなければならず、その1カ月遅れの号でさえ、確実に取り扱いがあるのは1店舗だけだった。

ポステコグルーは、ヨハン・クライフ擁するオランダ代表チームの〝トータル・フットボール〟に感銘を受けた。その気持ちは間違いなく、自身のチームに求めるプレーに大きく影響している。しかし彼は、まだスピードとパワーが主役だったイングランドサッカーの混沌《こんとん》のなか、オランダに劣らぬ正確さでパス・アンド・ムーブを繰り返すチームにも特別な関心を抱くようになった。ファースト・ディビジョン［訳注：現在のプレミアリーグが発足する前のイングランドリーグ最上位カテゴリー］には、ポステコグルーや仲間たちを一瞬で虜にする説得力があったのだ。

アーセナルでシーズン二冠を達成し、絶大な人気を博したスター選手チャーリー・ジョージがナショナル・サッカー・リーグ（NSL）〔訳注：当時のオーストラリア全国リーグ〕の試合にゲスト出場すると、ポステコグルーはイングランドサッカーにますます魅了された。さらに、ニューカッスルやアーセナル、イングランド代表の点取り屋として鳴らしたマルコム・マクドナルドも、ヘラスの選手としてリーグ戦3試合に出場した。そのプレーぶりは、相手を蹂躙《じゅうりん》する典型的なセンターフォワードのそれだった。美しいパスワークを志向する現在のポステコグルーのサッカーからは感じとりにくいが、守備陣を突破する〝スーパーマック〟の姿に感じた興奮は、アンジェ少年の心に消えることのない畏敬の念を植えつけた。

もちろん、トッテナムのファンにはポステコグルーの監督就任に驚く人もいたし、率直に怒りを示す人もいた。セルティックのファンには不快な言い草だが、なかなか危機を脱却できないクラブが「スコットランドでしか成功したことがない」ような無名監督を選んだ、というわけだ。しかし、ポステコグルーの歩みを最初から見てきた人々は、彼が衝撃的な成果を上げることを疑っていなかった。

さまざまな場所を渡り歩き、キャリアの終盤に差しかかった今、ポステコグルーが世界で最も熱いリーグ（異論はあるが）でチャンスを与えられたことは、さまざまな面で合点のいく展開だ。ポステコグルーのサッカー探求の旅は、イングランドのクラブを率いる機会がなければ決して完結しない――そんな感覚がある。『シュート!』と『マッチ』が1カ月遅れで届いたように、今の場所に着くまで少し余分な時間がかかったが、これについては、58年の半生で歩んだ道のりの長さを考える必要がある。まずは、その始まりを見ていこう。

第1章

移民の子、道を切り拓く

アンジェ・ポステコグルーが歩んできた半生には、異色と言うべきことが多い。しかし、彼の物語は普遍性もあわせもち、サッカーに興味のない人の心にまで訴えかける。たとえば、父親を愛したことがある人や、理由はどうあれ、社会から除け者にされたと感じた経験がある人には、その魅力が伝わるだろう。もちろん、魂を削るような感覚を味わいながら、個人的な喜びや満足感より大事なものを追い求めてきた人々にも。そして、スポーツが世界で何億人ものファンたちに重要であることと同じくらい、試合に勝つ以上のものが必要なことを理解している人にも。誰であれ、親近感を覚えるところや、自分の体験に似ていると感じるところが見つかるはずだ。彼は一途に成功を追い求めてきた。それだけなく、自分の信念にかなう方法で成功することを目指してきた。

本書では、ポステコグルーを一途な求道者として描いていく。だからといって、彼が練習計画や戦術、一筋縄でいかない選手たちの統率に身を捧げ、多大な時間と神経を使ってキャリアを築いてきたことしか書かないのは、偏りすぎというものだ。アンジェ・ポステコグルーという人物の魅力は、それだけでは決して語り尽くせない。ポステコグルーと長年ともに働き、その頑固さにつき合ってきた（そして、ときには彼に笑顔を浮かべさせたことさえある）人たちによれば、彼はいつも周りと違っている。最高にいい意味で、変わり者なのだ。

ポステコグルーはサッカーに対し、そして人生に対しても、国や地域にとらわれない価値観を育んできた。人が皆、多少なりとも環境の産物なのだとしたら、そうしたコスモポリタンなサッカー観や人生観を彼が得たことは、さほど不思議ではない。彼自身がそうだったように、移民の子どもは新たな道を切り拓く必要に迫られ、否応なく開拓者になっていくからだ。親たちは、わが子にいい暮らしをさせたい一心で地球の裏側に移住する。そして、その幼子たちは新たな環境にとけ込むすべに習熟していく。彼らは誰からも中立的でいることを余儀なくされながら、家族に伝わる素晴らしい文化を（しばしば無意識に）守り、新たな国の一員であることを証明しようと常に全力を尽くす。アンジェ少年も、まさにそういう子どもだった。

ギリシャ系移民のアンジェ少年は12歳のとき、自分が通う学校にサッカー部をつくって選手兼監督となり、チームをビクトリア州選手権優勝に導いた（オーストラリアンフットボールの袖なしユニフォームをお下がりで着ていたが、苦しいほどサイズが小さかった）。それが遠い昔の出来事となった今も、懸命に生活向上を目指すメルボルンの移民コミュニティーで身につけた労働倫理は変わっていない。ポステコグルーはずっと、どんな仕事でも努力が何より重要だと考えてきた。

もちろん、こうした特徴は移民の子どもには珍しくない。彼らの親は、新しい世界に旅立つことを選んだ人たちなのだから。ポステコグルーは5歳でオーストラリアに渡ったギリシャ生まれの世界市民として、瞬く間に移民コミュニティーになじんでいった。周囲の住民たちは自分の価値を一つでも多く証明したいという飽くなき欲求を抱え、それに必要なことなら何でも、どんなに時間がかかってもやり遂げようとする人々だった。

読者の皆さんには、ポステコグルーのそんな一面も知ってほしい。いくつの栄冠を勝ち取ろうと自分が決して満たされないことを、彼はよく自覚している。単純な勝ち負けを超えた場所を目指す者には、勝利だけでは到底足りないのである。これは、サッカー監督には珍しい特質といえる。新しいトロフィーを獲得し、より大きな仕事を手にすれば、いつまでも満ち足りていられる――多くの監督が、そう自分に言い聞かせ続けているからだ。しかし、そんな妄想に踊らされ、確かな真実を遠巻きにしている姿は、ポステコグルーには想像できない。彼と話をすれば、何を成し遂げるかよりも、どんなレガシーを残すかが話題の中心になるだろう。ポステコグルーの半生は、常に監督という仕事とともにある。はじまりはプララン・ハイスクールに通う7年生のとき、彼が指揮官となるのをチームメートが当然のように受け入れたことだった。

ポステコグルーと仲間たちは、果敢にも学校初のサッカーチームを立ち上げた。その苦労は決して軽いものではない。顧問の教員が指導者の重責を負わず、積極的なポステコグルーにさっさと丸投げしただけでなく、サッカーは当時、ほかの生徒から馬鹿にされ、笑いものにされるスポーツだったからだ。とはいえ、これは誰にとっても素晴らしい運命のいたずらだったのだろう。

しかし、サッカーにこだわったこと一つとっても、何事にも屈しないアンジェ少年の性格がよくわかる。彼が暮らしていた地域ではラグビーやオーストラリアンフットボールに絶大な人気があり、サッカーは完全に〝民族的〟なスポーツとみなされていた。大英帝国の最後の名残りとなっていた国々が独立を果たすなか、新たな現実になじめない旧植民地の人々にとって、1970年代は決して生きやすい時代ではなかった。オーストラリアやカナダといった国々は当時、ただのイギリス支配地域を超えた存在としてアイデンティティを築こうと、自己表現の手段として国技に固執した。そして、両親が英語を話せない（少なくとも訛りが非常に強い）

うえに、いつまでも〝他国〟のスポーツに興味を持っているという事情は、子どもが自分を下級国民のように感じる理由として十分だった。オーストラリアのビクトリア州ではオーストラリアンフットボール、カナダのオンタリオ州ではアイスホッケーを始めるよう、強い同調圧力が働くこともあった。だからこそ、より険しい道を選んだアンジェ少年に称賛の言葉を贈りたい。

もちろん、ポステコグルーが自分のためだけにサッカーをしていたら、成功することはなかっただろう。サッカーへの愛とうまくプレーできたときの喜びという純粋な動機しかなかったなら、困難に耐え抜き、今ほどの高みに達することは不可能だっただろう。彼は監督として初めての試合を指揮したときから、自らの挑戦を価値あるものとする優れた理由、いわば大義を必要としてきた。今の場所にたどり着くには、膨大な自制心が求められたからだ。戦術ボードに向かって昼夜問わず研究を続けたり、コーチングの指南書を手に入るだけ片っ端から読みあさったりしただけではない。仲間とのつき合いも意図的に絶ってきた。人間らしさを保ち、科学よりも錬金術のような仕事としてチームを運営しながらも、指示に従うべき超越的存在として選手と親しくなりすぎないためだ。自らの意思で決めたとはいえ、相応の代償を支払ってきたことだろう。それでもなお、彼はこのやり方で生き残ってきたし、少なくともほかの監督たちに劣らない程度には満たされている。彼を尊敬してやまない人も、一人や二人ではない。

〝Representation matters（代表が大切だ）〟という表現があるが、ポステコグルーはほぼ万人の代表だ。たとえば、ギリシャ系移民コミュニティー全体を代表している。彼らは入国審査を通過した次の瞬間から、サウスメルボルン・ヘラスに引き寄せられた。何よりも、そこに行けば同じ母国語を話す人がいるとわかっていたからだ。経済的理由での集団移民が始まった頃から、サッカークラブは世俗を離れた信仰の場や地元住民の助け合いの場だった。それだけでなく、仕事はもちろん、運に恵まれれば結婚相手まで見つかる集いの場にもなっていた。ポステコグルーの父ジムにとっては、ヘラスがそういう場所だった。彼は1970年、妻のボーラと10歳の娘エリザベス、幼い息子アンジェを連れ、船でオーストラリアに到着した。すでに飛行機の時代が来ていたことを思えば、船旅というのはやや古い渡航手段と言える。ギリシャ政府が強行した企業国有化に自身の家具製造会社が巻き込まれ、やむをえずの移住だった。ジムはヘラスの試合を待ち焦がれたが、そこには名勝負や好プレーを見るのとは別次元の目的があったのだ。メルボルンを含むビクトリア州には今、マイコーシスやガラタス、デリギアニス、フィロプーロスといった姓の人々がしっかり根を張って暮らしている。そうしたギリシャ系住民にアンジェ・ポステコグルーのことを尋ねれば、すかさず、そして「言うまでもない」という口調で、自分たちの同胞だと答えるだろう。

ポステコグルーがオーストラリア代表（通称〝サッカルーズ〟）監督として成功を収めたこ

とは、誰の目にも明らかだ。全国の平均的なスポーツファンの心をつかむまで少し時間はかかったかもしれないが、オーストラリア国民は間違いなく、彼の歩みを地元発のサクセスストーリーとみなしている。結局のところ、ポステコグルーは選手生活のすべてを国内クラブで過ごしたのち、サウスメルボルンFC（すでに名前から「ヘラス」が消えていた）の監督としてFIFA（国際サッカー連盟）クラブ世界選手権［訳注：現在のクラブワールドカップ］の第1回大会に出場した人物だ。オーストラリア人らしい大胆な冒険心を抱え、オーストラリア人のエネルギーのすごさを世界に見せてやろうと考え、そんな野心を自身の人格の一部としている。母国となったオーストラリアとの込み入った関係を彼が今後も維持し、この国のサッカーを高みに引き上げるため絶えず奮闘していくとしたら、それはつまり、自国のサッカー界の慣習に苦言を呈し続けるということだ。そうなれば、彼がスコットランドで成し遂げたことや、イングランドで成し遂げることとすべてが、オーストラリアサッカーに反映されることになる。

ポステコグルーは日本サッカー界でも、競技の魅力を伝えるアンバサダーとみなされている。Jリーグで3年半の実績があるうえに、当時の経験から学び続けているからだ。彼が日本の選手を連れ去ったことは、引き抜きに遭ったクラブには災難でも、Jリーグの価値が認められている証拠でもある。Jリーグにとって彼はただの略奪者ではない。日本という国や日本文化、サッカーに対する日本の姿勢のなかに、サッカーをより素晴らしくする価値が秘められていることを、ヨーロッパでの成功を通じて提言してくれる存在だ。セルティックを見事に指揮した2シーズンからは、ポステコグルーが横浜F・マリノスで得た教訓がはっきり見てとれる。日本での経験は彼を変えた。彼は世界中に探求の手を広げ、選手や深い知識、監督としての成長の糧になりうる教訓を求めてきた。そして、多くの恩恵を得てきた。日本はその典型なのだ。

しかし、すべての始まりは日本ではない。ポステコグルーの足跡をたどれば、サウスメルボルンFCの新旧のホームスタジアムがあるアルバートパーク地区と、その近隣のプララン地区に行き着く。イングランドの強豪マンチェスター・ユナイテッドの監督を長年務め、〝サー〟の称号を得たアレックス・ファーガソンに聞けば、仕事の基礎は故郷グラスゴーのハーモニー・ロー・ボイーズ・クラブで学んだと語るだろう。ポステコグルーもまた、始まりの地と分かちがたく結びついているのである。

本書には、ポステコグルー自身の言葉をいくつか載せている。後世に残る名言としてニュースの見出しになったものもあれば、別のニュースに埋もれ気味のものもあるが、特に含蓄に富み、興味深く、繰り返し読まれる価値を備えた発言を厳選した。彼は選手の気持ちを高める巧みな言葉がけで知られ、サッカーに関する意見には必ず一考の価値がある。

だが、本書では主に、ポステコグルーの旧友や元チームメートからじっくり聞き取った内容を記している。その多くが、メルボルン取材の賜物だ。選手としてポステコグルーとともに戦った人や、彼のアシスタントコーチを務めた人、彼の初めての監督就任に一役買った人――そういう人々と膝を交えて話すための旅は、どこをとっても楽しいものだった。取材依頼が無視されたり、保留のまま放置されたりすることは皆無に等しく、身も蓋もなく拒絶されることは一度もなかった。しかも、インタビューに応じてくれた人たちの口ぶりには、まるで伝道師のような熱が込もっていた。彼らはずっと昔に〝真実〟を悟った信徒のように、アンジェ・ポステコグルーをめぐる福音がさらに広まり、ポステコグルーに傾倒する仲間が増えるのを喜んでいる。

伝道師にたとえはしたが、ポステコグルーの旧友や信奉者たちは堅物ではない。それどころか、取材中は笑い話（彼の監督人生でとびきり大事な試合のピッチにカエルの大群が発生した、など）に腹を抱えてばかりだった。単純に信じられないような話もあった。元チームメートのスティーブ・ブレアが持っていた写真に、セルティックの本拠地セルティックパークの狭い回転式ゲートを通ろうとする若き（そして今より細身の）ポステコグルーが映っていたのだ。当時の彼はオーストラリアのトップクラブに所属していたが、銀行で働くパートタイム選手だった。そんな男が監督として同じスタジアムに舞い戻る日が来るなんて、誰が想像できただろうか。

ポステコグルーは選手時代、〝疾走する少佐〟の異名をとったハンガリーの伝説的英雄フェレンツ・プスカシュの指導を受けた。ギリシャになじみがあるという共通点を生かし、絶えずプスカシュの知識を吸収しようとした姿勢には、あらゆる機会を駆使し、少しでもサッカーを知ろうとする貪欲さが表れている。選手として、そして監督として成長するために手を尽くす。その心は今も少年時代のままだ。アンジェ少年はトラムでメルボルン中心部の書店に通い、手に入る限りのサッカー本を読みあさっていた。ラグビーでもオーストラリアンフットボールでもなく、サッカーのファンが必要とする雑誌や書籍が、その店にしかなかったからだ。彼もまた、そんな本を必要としていた、というより渇望していたのである。

ポステコグルーの旧友、ニック・デリギアニスが思い出話を聞かせてくれた。二人はもう、半世紀近く友人関係にある。「アンジェとは、サッカーを始めた初日からの仲だ。どちらもサウスメルボルンの育成部門に通っていたからね。あいつがキャプテンとして、そして監督としても優勝に導くことになるクラブだ。年齢は8歳か9歳だった。それからずっと、文字どおりの親友同士。長いつき合いだよ」

「二人とも上を目指していたよ。町一番のビッグクラブに通っていたからね。サウスメルボルンはギリシャ系のクラブでは間違いなく最大だった。育成チームの選手もほとんどがギリシャ系でね。ギリシャ系の子どもだった私たちにとって、あれこそがビッグクラブだった。知ってのとおり、サウスメルボルンはのちに大成功を収めるわけだが、それ以前から国内屈指のクラブだったってことだ。育成チームの全員が上を目指していた。私は結局、全国リーグのライバルクラブ、ハイデルバーグに移ったが、アンジェはサウスメルボルンに残り、トップチームに昇格し、キャプテンにも監督にもなった。全部をやってのけたわけだ。

まだ幼い頃、それどころか初めて会ったその日から、アンジェは仕切り役だった。8歳かそこらで、あれこれ段取りをつけようとしていたよ。それから、とにかく頑固だった！　芯があるやつだと思ったのを覚えている。そんな頃からの仲間だ」

デリギアニスは求人業界に転身し、国内大手企業で事業部長になった。つまり、優れた人材の目利きを生業にしてきたということだ。親友が秘めた可能性にも早々に気づいていた。彼は学校初のサッカー部の設立に必要だった図太さに感嘆しながら、「アンジェが立ち上がらなかったら何も手に入らなかっただろう」と語っていた。

プララン・ハイスクールはその後、ヘラスのホームスタジアムで行われたビクトリア州選手権決勝に進み、優勝に輝いた。この出来事で、移民の子どもたちにはご褒美があった。サッカーファンから称えられたことはもちろん、消極的ながらも、移民以外の人々から社会の一員として少し認められたのだ。しかし、アンジェ少年の献身を思えば、もっと報われてしかるべきだっただろう。彼は練習計画や戦術を組み立てるだけでなく、20セントの小遣いから8セントを捻出し、スポーツ面を読むためだけに地元紙『ヘラルド・サン』を買っていたのだから。そう、ポステコグルーは新聞紙を小脇に挟み、校内をうろつく生徒だった。3カ月遅れで輸入されるイギリスのサッカー漫画『ロイ・オブ・ザ・ローバーズ』は、すべてのコマに隅々まで目を通していた。

ただし、当時のそうした努力でさえ、称賛を求めてしたことではなかった。万人に〝フェア・ゴー（公正・公平）〟が約束されると自負する国において、親族が何世代か早く定住したことを鼻にかける子どもたちに対し、自分たちは少なくとも対等だと証明しようとしたのである。ポステコグルーはこれまで、タイトルやトロフィーを超える動機が必要だと繰り返し口にしてきた。「自分の行いに意義を見いだせないまま勝利とトロフィーを追い求めても、不毛なだけだ」と。その考え方はプラランで始まった。必要に迫られ、自身の力を証明したことから、すべてが始まったのだ。

彼はわずか10歳にして、ワールドカップで監督を務めることを夢見ていた。ワールドカップでプレーすることでなく、チームを指揮することが夢とは、見事な志である。端から見れば、この野望は長い間、物理的に不可能にも思える非現実的な目標だったに違いない。一体どうして、そんな夢がかなうと思えたのだろうか。

ポステコグルーの歩みには、偉人の足跡に似たところが多い。たとえば、21世紀で最も有名かもしれない宇宙飛行士、カナダのクリス・ハドフィールド大佐がそうだ。ハドフィールドは宇宙に行くという夢をかなえ、国際宇宙ステーションの司令官まで務めた。しかし、その少年時代には、カナダ人宇宙飛行士というものは文字どおり存在しなかった。というより、存在しえなかった。アメリカ連邦議会によって実質的に禁止されていたからだ。それでも彼は歩みを止めなかった。フルタイムのプロサッカー選手が存在しない国の少年にとって、世界の大舞台でチームを指揮することは、宇宙の果てを目指すような遠い目標に見えたに違いない。だが、ポステコグルーはサッカルーズの監督として2014年のワールドカップに出場し、それを実現した。この世には、自分の意志で世界を変えてしまうような、呆れるほどすごい人が実在するということだ。

デリギアニスはポステコグルーのことを「つき合いが長くなれば当然わかることだが、すごく頑固で、のめり込む性格だ」と評している。

「とても負けず嫌いで、成功したいとも思っている。ただし、勝つだけではだめだ。勝利が非常に重要なことは言うまでもない。だが、あいつにとって大事なのは、哲学にのっとった正しいやり方、つまり自分が信じるやり方で勝つことだ。レガシーを築き上げるという目標に適した方法、自分が必要と考える方法でサッカーをしようという感覚が本当に強い。だから、成功するだけでは足りないんだ。魅力的で、試合を支配できるサッカーが必要になる。試合を支配しなくても勝つことはできるが、あいつはそれを望まないだろう。

アンジェがすることは、すべて哲学にのっとっている。理想への忠実さをどれだけ重視しているかは、最近の様子にも表れている。あいつが欲しがり、探し求め、必要としているのは、とにかく自分の哲学に合う人間だ。逆に、哲学に合わない人間とは丁重に距離を取るだろう。自分が求めるやり方で物事を実行する人間でなければ、必要ないからだ。そこは絶対に譲らない」

デリギアニスは、ポステコグルーの頭のよさと学習意欲にも言及した。

「アンジェはとても賢く、とても知的な人間だ。信じられないかもしれないが、あいつは群を抜いた知性と読書量で周りと一線を画していた。

具体的な話をしよう。私たちは子どもの頃、身の回りにあるサッカー雑誌を片っ端から手に取っていた。アンジェは毎週、『シュート!』だろうと『マッチ』だろうと手に入るものは全部、端から端まで読んでいた。

市内にメルボルン・スポーツ・ブックスという本屋があってね。出かけるときは決まってトラムでそこに行ったから、店主と顔なじみになった。その店でサッカー選手の伝記を買っては、読みふけったものだ。私たちにとって、とりわけアンジェにとって、子ども時代はとにかく学べるだけ学ぶ時間があった。

アンジェがスコットランドに行くと、経歴を疑問視するような反応があった。そういう連中は、わかっていないんだ。あいつは人生のすべてをサッカーに投資してきた。それだけサッカーに関心を向け、それだけサッカーを愛しているからだ。アンジェはサッカーのすべてを知っている。地球の裏側で育ったにもかかわらず、ヨーロッパサッカーについて、普通は想像もできないようなことまで知っている。あいつの知性もその一因だ」

今のメルボルンを歩くと、サウスヤラ地区から隣のプララン地区にかけてコントラストに富んだ光景が広がっている。ある通りでは、流行の最先端を行く理髪店や、しゃれたブティック（それ以外の服屋は見当たらない）、こだわりのパン屋、太平洋諸国の料理が幅広く楽しめる飲食店が軒を連ねている。そこから角を曲がると、今度は道路越しに怒鳴りあう貧しい人々とすれ違ったりする。偉大な著述家ビル・ブライソンがかつて1970年代のグラスゴーを形容したように、独特の雰囲気がある街だ。

それでも、昔ながらのギリシャの影響を感じさせる物はところどころにある。プララン・マーケットのストリートフードはただでさえ世界番付で上位に入りうるレベルだが、ギリシャ料理のムサカの店では「おばあちゃんがつくった味」（客寄せの黒板にこう書いてあった）が人気を博している。昔ながらの場所では、今でも本物に価値が認められているということだ。

では、ポステコグルーはどれほど本物なのだろうか。そもそも、ポステコグルーとはなんだろうか。先見の明のある予言者か。はたまた預言者か。あるいは、変革の最前線に立つことを運命づけられた千里眼の戦術家か。「もしも超人的な忍耐力がなかったら、今でもヌナワディン・シティFCのU11（11歳以下）の部を指導しながら、副業でFOXスポーツ・オーストラリアの解説者を務めていたかもしれない流れ者の監督」という説明では、確実に過小評価だろう。ただ単に、彼は「くだらない運や馬鹿げためぐり合わせが残酷で決定的な役割を担うスポーツにおける珍種中の珍種」なのかもしれない。つまり、長きにわたる雌伏の末、ようやく自分の時代を迎えたサッカー監督という意味だ。

デリギアニスは、あるビジネスランチの話をしてくれた。隣に座ったのは、オーストラリアのベテラン政治ジャーナリスト、バリー・キャシディだった。時事問題からスポーツまで扱う週末のテレビ番組で、長く司会を務めた人物だ。番組に出演したゲストの話になり、ポステコグルーの名前が挙がると、彼のコメントの質の高さをキャシディが興奮した様子で語り始めたという。

デリギアニスは、ポステコグルーの教養の豊かさを強調した。「キャシディはアンジェに話を振るのが楽しかったと言っていた。サッカーで大成するのは明らかなうえ、あらゆるスポーツに幅広い知識があるからだ。それだけでなく『時事問題に詳しく、世の中の出来事を知っているおかげで、スポーツ以外の話題にも意見が言える。そこが素晴らしい。読書家で知識が豊富。彼なら何か言えるとわかっているから、コメントを求めたくなる。大半のスポーツ関係者が知りもしない話題でさえもだ』とも言っていた。アンジェの人物像がよくわかるだろう。ただのサッカーオタクじゃないんだ」

ポステコグルーが教養人であることは、大した驚きではない。少なくともスポーツ界の偉大なリーダーたちの生涯を取材した経験があれば、そう感じるはずだ。たしかに、彼らは皆、自分の仕事を極めることに本当に途方もない時間と労力を捧げている。ポステコグルーはベテランのラグビー監督、エディ・ジョーンズと固い絆を育んできたが、その理由の一端は、おそらく目の前の問題に没頭する者同士というところにある。しかし、トップ中のトップにいる人々を見ると、歴史や映画、音楽、政治など仕事以外のものにも目を向けて、心の安定を保っていることが多い。ポステコグルーの場合、主な社会問題に目を向けることは息をするくらい自然なことなのだ。この習慣の原点もまた、家族の歴史に求めることができる。

1970年代のメルボルンにおけるギリシャ系移民の暮らしを理解しておくことは、この話をするうえで重要だ。今なら人種差別や外国人嫌悪とみなされる言動が、当時は当然の事実として単純に容認されていた。ポステコグルーは自伝『Changing the Game（仮訳：サッカーを変革する）』（2017年刊行、未邦訳）に「私たちのような渡航者はなんの準備もなく到着し、雨風をしのぐ方法もなかった。あるもので間に合わせるしかなかった（中略）言葉もわからず、地域社会とのつながりもない。そんな状況で心身がどれほどすり減るか、人間らしさを保つのがどれほど難しいかは、同じ環境に身を置かなければ本当には理解できない」と記している。

ポステコグルーの父と叔父はオーストラリア移住前、すでに出稼ぎで建設作業員をしていた。リビア（当時でさえ政情は不安定だった）に渡り、ギリシャの家族に送金していたのだ。彼らはその後、親族全員でどこかに移り住み、新生活を切り拓く決意をした。渡航を決めると、オーストラリアに行くか、アパルトヘイトが続く南アフリカに行くかの選択が待っていた。その結果、面識もない一家から支援を受け、英語がちっともわからないまま、未知の国に飛び込んだ。メルボルンはすでに、キプロスを除いて世界最大のギリシャ系移民居住地になろうとしていたが、幼いポステコグルーはいつも、父がオーストラリアで金を稼ぎ、故郷に錦を飾る日を待っているように感じていた。

困難な時期に同じ変化を選んだ人の多くが、ポステコグルー一家に似た苦労を味わったことだろう。前出の自伝には、彼の父と叔父がメルボルン市内で道に迷ってしまったエピソードが記されている。不用品になったマットレスをもらいに行ったのだが、道路標識が読めず、市内で帰り道がわからなくなってしまったのだ。ちょっと想像してみてほしい。異国の地で中古のマットレスを抱えて立ち往生し、誰かに道を聞くことさえままならない。こんなに途方に暮れる事態があるだろうか。ただでさえ苦しい時期にこんな目に遭ったら、それだけで挫けてもおかしくなかっただろう。

しかし、本書の取材中、ポステコグルーの家族に関して繰り返し語られたことだが、父ジムには不屈の精神と無敵の忍耐力があった。家族にいい暮らしをさせるため必要なことは全部やるという意志は、その好例だ。父が疲れ切っている理由は幼い息子の目にも明らかで、寸暇を惜しんで働いていたからだった。ポステコグルーはセルティックの監督になるとき、片腕としていたアシスタントコーチを連れていかないという条件を飲んだ。成功を信じ、なんの保険もかけずにギリシャからオーストラリアに渡ったという両親の話には、この契約の勇敢さと度胸、向こう見ずさに重なるものを感じる。少しの悪条件で挑戦をやめるような育てられ方はしていない、ということだ。

オーストラリアに渡ってから、父子にとってサッカーは解放を意味していた。ポステコグルー自身が言っていることだが、ヘラスの試合を見にいくことは「息ができる」ことを意味していた。2023年の今でもなお、サウスメルボルンの試合当日のクラブハウスではギリシャ語が話されている。売店のメニューの一番上に載っているギリシャ料理のラム・スブラキは脂身も過不足なく、絶妙な量のザジキがかかった逸品だ。1970年代のオーストラリアでは、すべてのサッカークラブが民族単位の移民グループを土台に成り立っていた。ヘラスのクラブハウスに入るというのは、ギリシャの港湾都市ピレウスのバーに入るような感覚だったに違いない。

サウスメルボルンFCの現会長、ニコラス・マイコーシスはポステコグルーと同世代で、彼がキャプテンからアシスタントコーチ、そして監督へと立場を変える間、ずっと取締役会にいた。その名が示すとおりマイコーシスもギリシャ系で、ほかの幹部にもギリシャ系が多い。彼らは〝ヘラス〟の歴史を消し去ろうとするオーストラリアサッカー連盟（FFA）のあらゆる動きに対し、強く抵抗していた。

「アンジェが初めて父親に連れて来られたとき、クラブはどんな雰囲気だったと思う？」とマイコーシス。「るつぼだよ。ギリシャ系住民のるつぼ。ただ、おそらくアンジェはここの移民集団のなかでは後発組だった。1950年代に到着し始めた集団が多数派で、彼の両親は少し遅かったんだ。生まれた時期は、私とほぼ同じだったんだが。彼が来たとき、この土地はすでにギリシャ系住民が集う場所になっていた。まさにホームだったんだ。メルボルン港のステーション埠頭《ふとう》に降り立った人たちは、なんだかんだでミドルパーク［訳注：サウスメルボルンの旧ホームスタジアム］にたどり着いた。たしか1カ月ほど前に見つかった古い映像では、オリンピックパーク［訳注：ミドルパーク解体後、一時的に本拠地としたスタジアム］に、あくまで推測だが、おそらく2万人から2万5000人が入っていた。ここのサッカーは移民が築き上げたものだ。育成チームもあった。それで、アンジェは育成部門の各年代を上がっていったんだ」

試合が終わったあとも、アンジェ少年はヘラスファンの集まりを大いに楽しんだ。日曜の夕は顔なじみ同士で誰かの家に集まり、直近の試合を振り返りながら熱い議論を交わすのがお決まりだった。ほかの子どもが外で遊んでいる間、ポステコグルーは父や古株ファンたちのテーブルに混じり、勝敗を分けたヘラスの戦術の分析に耳を傾けていた。そこは教育の場だった。ジムは子ども同士で遊べと言ってポステコグルーを追い出そうとすることもあったが、周囲からは息子が言いつけを拒むのを喜んでいるように見えていた。

「私のサッカーに対する愛は、父の関心を引きたいという想い、父と時間を過ごしたいという想いから生まれた」。ポステコグルーはややこしい親子関係をそう説明し、「父とはサッカー以外のことを話し合った記憶がない」と続けている。では、サッカーを仲立ちにした父子の絆からは、何が生まれたのだろうか。まず、ヘラスが試合で犯した過ちを的確に説明する古株ファンの言葉を聞く時間ができたおかげで、サッカーに対する理解が深まった。さらに、ずっと社会の最下層で耐え続けている感覚を抱いていたに違いない移民コミュニティーにとって、サッカーがどれほど重要な感情表現の手段かを学び、正確に認識することもできた。

ジムが他界する約1年前の2017年、ポステコグルーはオーストラリアでの資金調達イベントで登壇し、一家を移住に導いた要因について説明を加えている。確実に言えるのは、彼らが完全な自由意思に従い、神話的な約束の地を求めたわけではないということだ。

オーストラリアのギリシャ系住民向け隔週紙『ニオス・コスモス』によると、ポステコグルーは席上で「従来、移民の目的は生活向上だといわれてきた。しかし、父については間違いなく、暮らし向きはよくなっていない」と語った。「ギリシャにとどまって親類や友人たちに囲まれていたほうが、いい暮らしができただろう。どんな困難に見舞われようと、周囲の支えで切り抜けられたからだ。オーストラリアに来たのは、私や姉にいい暮らしをさせ、よりよい人生をつかむチャンスを与えるためだったと思っている」

彼はサッカーが父との関係に果たした役割にも言及した。夜中に起こされ、ヨーロッパの外れから自宅に届く試合中継を二人で見ていた話には、心を動かされるものがある。明かりを消したリビングルームに父親と座り、「世界では今、僕と父さんだけが起きている」と空想するのが好きだったという。大きすぎる重荷を背負った父と、永遠のようなストレスと疲労から父を救おうと必死な息子。そんな二人の間でサッカーへの愛が受け継がれるさまは、間違いなく素晴らしい光景だ。男が自分の気持ちをほとんど語らなかった時代において、同じスポーツへの関心が心の奥にある想いを運んでいた。同じ体験をするためだけに、ただでさえ少ない貴重な睡眠時間を削る。これほど「愛している」というメッセージが伝わる行為はほかにない。

このすべてを間近で見ていたデリギアニスは「（アンジェにとって）父親の存在は大きかっ

た」と率直に語っている。「本人も繰り返し言っているとおりだ。私は実際に見ていたからね。あいつの父親はサッカーが大好きなだけでなく、プレースタイルにも強い好みがあった。それに、アンジェ自身がたびたび言っていることだが、なかなか満足しない人だった。あいつは本当にいい選手だったんだが、試合でどんなに出来がよくても、父親から『もっとできる』と言われるのが常だった。だから、アンジェはいつも父親を喜ばせることや、父親に認められること、父親が評価するやり方でプレーすることを考えていた。アンジェに対するジムの影響は、とてつもなく大きい」

さまざまな人の証言によれば、強い重圧の下で働いていた移民の父親たちのなかでさえ、ジムは特に厳しかった。ポステコグルー自身が明かした有名なエピソードもある。彼がオーストラリア代表監督としてアジアカップ優勝を果たしたとき、父親の一言目は「ああ、だが、お前の選手交代がもっとうまければ、延長戦はいらなかったな……」だったそうだ。親がなかなか褒めないというエピソードは偉人伝の定番だ。

ポステコグルーに鍛えられたサッカー選手は、おそらく数百人はいる。彼らの証言からは、父親の影響が健在であることが窺える。キャプテンだった頃も、監督になってからも、ポステコグルーは誰かを過剰に褒め立てる人間ではない。直近のセルティック時代の教え子たちでさえ、言葉で褒められることは極めて少なかったと認めている。もちろん、そういう監督だからこそ、1回でも褒められることが選手には重要な体験になる。

マイコーシスは試合当日の本拠地レイクサイド・スタジアムを訪れると、今も古株ファンたちとギリシャ語で言葉を交わす。彼はポステコグルー親子のことを次のように振り返った。

「アンジェはよく父親の話をする。サッカー以外ではたぶん父親と会話したことがない、という話もよく聞く。きっと、父親は工場で日々働き、家には夜に帰るだけだったはずだ。唯一、二人が本当につながり合えたのが、サッカーとサウスメルボルンだったんだ。

あの世代は厳格で、あまり心の内を明かさなかったが、サッカーの話になると少し様子が違っていた。私自身の家族もそうだが、親や祖父母の世代を見ると、自分たちと全然違うところがあるだろう。間違いなく、アンジェの父親は息子が成し遂げたことをとても誇りに思っている」

ジムが他界したとき、マイコーシスはクラブとして弔意を示すよう取り計らい、ヘラス時代のマフラーを棺にかけてほしいとのポステコグルーの頼みも聞き入れた。葬儀でのこうした光景は、世界中のサッカーファンの間で見受けられる。クラブへの献身は、多くの人の充実した人生に不可欠なものと認識されているからだ。「所詮はただのスポーツ」などという言い草は、看過してはならない。サッカーはただのスポーツを超越しているのだから。

要するに、こうした環境と人々に囲まれて育ったからこそ、今のポステコグルーがある。

ボールがどこに跳ねるか。副審が旗を上げるか上げないか。彼らはその一つひとつに狂熱と喜び、激情で反応する。うるさく、献身的で、情熱的で、いつも全力の人々だ。メルボルンのプララン地区こそポステコグルーのルーツであり、その心は一家が安住の地を見いだしたギリシャ系コミュニティーとつながっている。彼の言動は今も、そこでの子ども時代、とりわけ父親の影響を受けている。

他の監督やアナリストとのオンライン集会で、ポステコグルーが父親の話をしたことがある。エディ・グレイやピーター・ロリマーの時代のリーズ・ユナイテッドや、1974年ワールドカップの決勝戦でサッカー史を変えた伝説のオランダ代表を見るよう、父親からしきりに仕向けられたそうだ。彼は「今でもまだ、父がメインスタンドにいると思うことにしている」と認め、次のように語った。「父がこのチームを見たら、楽しんでくれるだろうか――自分がしてきたことすべての根底には、いつもその想いがあった。この先どんな批判を受けようと、その原点の力には及ばない。私の理想は深いところに根差しているから、絶対に変わらない」

困難な時期やひどい上司、悲惨な連敗に耐えるとき、自分の進むべき道やゲームモデル、信念体系が支えになりうる。ポステコグルーはこれらを模索する監督たちへの助言を求められ、シンプルに回答した。

「哲学は自分の内側から生まれ、自分という人間を反映している必要がある。ディエゴ・シメオネやユルゲン・クロップ、ペップ・グアルディオラは、自分の信念から離れたりしない。彼らの信念は目で見た物事だけでなく、彼らの内側にあるものでできている。まずは自分がどういう人間なのか、自分がどんな監督になりたいのかを理解することだ。そうすれば、自分にふさわしい哲学とやり方が見つかるだろう。

これからロッカールームに入るとして、中には初対面の選手しかいないかもしれない。当然ながら、選手たちはこちらが本物かどうか、他人を模倣しているだけの人間かどうかを正確に見抜いてくる。彼らはこちらの信念を試し、人間性を試すだろう。自分が発する言葉が自分の奥深くから出たものでなければ、あとで自分が信じられなくなる。大事なのは、誰かのコピーにならないことだ」

さらに、次のように説明を続けた。

「ペップ・グアルディオラのチームのように選手をプレーさせたいと言ったところで、自分の内なる魂がディエゴ・シメオネのように情熱的で、闘志を前面に出して相手と闘うことを選手に望んでいるとしたら、どこかで継続性が途切れる。重圧にさらされて本来の自分に頼るしかなくなり、選手から『待ってくれ。ポゼッションをお望みだったくせに、今度は正反対のことをしろってのかよ』と言われることになる。

私は幸運だった。私の哲学は5歳の頃、父の手を握ってサッカーの世界に入り、私の人生で誰より力強いその人を見上げながら生まれたのだから」

ここでの言葉は真実かもしれないが、人が生きるうちに変化を遂げることもまた、同様に真実だ。ＦＩＦＡクラブ世界選手権でアレックス・ファーガソンのマンチェスター・ユナイテッドに挑んだときや、育成年代のオーストラリア代表監督をみじめな状況で辞めたときなど、ポステコグルーの人生の大きな節目に立ち会った人々と話をすると、彼もまた、新たな状況に適応することを学んできたのだという印象を受ける。ポステコグルーは苦難に見舞われながらも、挫折のなかで再起の道を見いだしてきた。その間、美しいサッカーという誇るべき伝統に根差した哲学を信じ続けた。そして、父が示した信条に忠実であり続けながら、自分自身の確たる信念を築き上げたのである。

運命の一戦

オーストラリア（2－3）オランダ
2014年6月18日
ワールドカップ・ブラジル大会、グループB第2試合

彼はやり遂げた。世界の頂点に立った、というわけではない。しかし、世界最大の大会でチームを指揮することを幼い頃に志したサッカー監督にとって、それは長い旅路の最高到達点のような瞬間だった。しかも、対戦相手はオランダ。特別な意味合いのある組み合わせである。ポステコグルーはサッカーファンとして成長する過程において、１９７４年ワールドカップの驚異的なオランダ代表から影響を受けていた。クライフやニースケンス、ファン・デ・ケルコフ兄弟といった選手をリヌス・ミケルスが率いたチームに対し、父ジムが神を崇めるかのような畏敬の念を抱いていたからだ。その息子が彼らをトータル・フットボール信仰の立脚点とするのは、もはや当然

だった。

オーストラリアは第1試合のチリ戦を1対3で落とし、第2試合のオランダ戦に敗れたのち、第3試合では前回大会王者のスペインに0対3で苦杯を喫した。3戦全敗という結果には誰も驚かなかった。サッカルーズが好成績を収められないことは、大会前から織り込み済みだったからだ。長期的には、そういうオーストラリアの姿勢もまた、ポステコグルーは変えたがっていた。

もちろん、彼は勝ちたいと思っていただろう。1ポイントでも2ポイントでも、勝ち点を持ち帰りたかっただろう。オーストラリアが生半可な気持ちでワールドカップに出たわけではないと、世界に示したかっただろう。

しかし、ポステコグルーがワールドカップを振り返るときに必ず思い出すのは、試合中やその前後ではなく、大会が始まってさえいない頃の出来事だ。正確に言えば、それはグループリーグの対戦相手が決まった日、まだ10代だった息子ジェームズからテキストメッセージが届いたことだった。無遠慮な言い草や生意気な物言い、侮辱的な言葉が並んでいるのを覚悟して携帯電話の画面を見ると、そこには「伝説になるチャンスだね」とだけ書かれていた。父と、子と、サッカー。世代を超えて受け継がれてきた組み合わせである。

第2章 キャプテン時代

選手時代に〝疾走する少佐〟の異名をとったフェレンツ・プスカシュと、オーバーラップやアンダーラップを繰り返し、常に攻撃に加わる若きサイドバックのアンジェ・ポステコグルー。二人は間違いなく似た者同士だった。ともにギリシャ語を解しただけでなく、攻撃サッカーを愛し、あらゆる相手を蹂躙する意思を共有していたからだ。彼らとの対戦で一瞬でも息をつく間を期待することは、愚の骨頂というものだった。プスカシュは〝マジック・マジャール〟と呼ばれた最強のハンガリー代表の主力を務め、伝説となった人物だ。監督としてサウスメルボルンFCを3シーズン指揮し、主要大会で4度の優勝にチームを導いた。キャプテンのポステコグルーはその間、実質的に運転手や通訳、監督見習いを兼務しながら、プスカシュが伝えようとする助言や経験、知恵をいつも必死に吸収しようしていた。ポステコグルーの友人やかつてのチームメートたちは、彼が監督として成し遂げてきたことの多くにプスカシュの哲学の痕跡を感じているが、それは自然な成り行きだった。

しかし、偉人の薫陶を受けたとはいっても、ただそれだけのことだ。たしかに、偉人の影響力によってキャリアや進路、人生の軌跡が変わることはあるだろう。そういう力が特に強い人もいるし、ひと握りとはいえ、独自の重力を発するような人さえいる。しかしサッカーの世界では、巨大な知性とめぐり合っただけで成功が約束されることはない。よその監督のゲームモデルを仕入れて売るだけでは、何も成し遂げられないのである。

では、監督としてのポステコグルーは、どのような力によって形成されたのだろうか。それを知りたければ、選手時代を通観する必要がある。有望な新人選手だった彼は、誰もが認めるピッチ上のリーダーになった。わずか22歳でサウスメルボルンのキャプテンに抜擢されると、地元の献身的なギリシャ系住民から宗教的なまでに崇拝されるクラブの主将として、避けがたい重圧に向き合った。そして、〝自分のクラブ〟であるサウスメルボルンの状況を改善することと、クラブへの期待値を関係者全員に引き上げさせることに徹底的に取り組んだ。さらに、聞き手に合わせてメッセージを発することを学び、選手と経営陣の仲介役を務めた。これは集団を率いるのに不可欠な感情的知性（ＥＱ）を育むため、極めて重要な要素だった。

サウスメルボルンの本拠地レイクサイド・スタジアムは、陸上トラックがあるという難点はあるものの、地域住民向けに造られた必要十分の競技場だ。テコンドーと柔道のエリート養成プログラムでも、拠点として使われている。オーストラリアサッカーの背景にある民族色をリーグが排除しようと尽力するなかで、サウスメルボルンは影響力のある地位を昔から守り続けてきた。スタジアムを訪れれば、そのクラブの物語におけるポステコグルーの存在の大きさが一目でわかる。サウスメルボルンの〝20世紀ベストチーム〟の左サイドバックに選ばれ、記念画の前列中央に描かれているからだ。現クラブ会長のニコラス・マイコーシスはポステコグルーに対し、「先発11人に入れて運がよかったな」とよく軽口を叩くという。しかし、これは半分冗談で、マニー・ポーラカキスを押しのけてベスト監督に選ばれるべきだったと思っているそうだ。

スタジアムに掲示されているクラブの優勝記録を見ると、カップ戦や地域大会での優勝も多いが、やはり4回のナショナル・サッカー・リーグ（NSL）制覇が際立っている。ポステコグルーは1984年の初優勝を10代の若手選手として、1991年の2回目をキャプテンとして、1998年と1999年の連覇を監督として経験した。17歳でトップチームに昇格して以降、類まれな貢献をしたということだ。

昔のチームメートたちが記憶しているポステコグルーは、爆発的な勢いで前線に飛び出す左サイドバックだった。パートタイム選手だったせいで給料が少なく、銀行で働かなければならない境遇に怒ってもいた。さらに、オーストラリア人選手でありながらギリシャの系譜を継ぎ、古株ファンやクラブ幹部と彼らの母国語で話ができた。大事な問題を経営陣に提起するときも、シーズン終了時に盛り場に繰り出してはめを外すときも、自然とキャプテンの役割を買って出た。もちろん、愛するサッカーの情報を無尽蔵に欲するサッカーマニアでもあった。

ポステコグルーが育成部門の各年代を上がっていく間、トップチームには次々と名のある監督が迎えられた。一部を見るだけでも、サウスメルボルンがビッグクラブだったことがわかる。たとえば、ポステコグルーがトップチームに昇格する数年前には、トミー・ドハティが1シーズンだけ指揮をとった。マンチェスター・ユナイテッドやスコットランド代表の監督を歴任し、サッカー界の偉大な語り部でもあった大物だ。海外の著名監督の招聘や国内最高の監督の引き抜きには、当時のオーストラリアサッカー界としては巨額の資金が必要だったが、サウスメルボルンならきっと都合をつけるだろうと思われていた。ポステコグルーはまず、1984年のリーグ優勝監督で国内史上屈指の名将、故レン・マッケンドリーの手でトップチームに引き上げられた。その後は、クラブのレジェンド選手から監督になったジョン・マルガリティスの下でもプレーした。そして、プスカシュの指導を受けると、ピッチを広く使う攻撃サッカーで1991年にリーグ制覇を果たした。最後の監督となったフランク・アロックは、怪我のせいで若くして引退したポステコグルーをキャプテンからアシスタントコーチに転身させた。

当然ではあるが、ポステコグルーを指導した監督のなかで、プスカシュの魅力と威厳は抜きん出ていた。1989年のプスカシュ招聘は、サウスメルボルン経営陣による実に見事な監督人事だった。彼はサッカー史上屈指の名選手として、普遍的に認められている。レアル・マドリードとハンガリー代表での功績に対する無類の世界的称賛は、サッカー界が新時代を迎えようとしている今も変わっていない。このことは、FIFAが世界中の得点シーンから年間で最も美しいゴールに贈る「プスカシュ賞」の名称を見れば明らかだ。監督としてのプスカシュに選手時代と同じ力量があったとは言わないが、彼は名声を金に変えるだけの無能な指揮官としてメルボルンの監督になったわけではない。実際、1971年にはギリシャのパナシナイコスを指揮し、世界最高峰の大会であるUEFA（ヨーロッパサッカー連盟）チャンピオンズカップ［訳注：現在のチャンピオンズリーグ］決勝に進出している。舞台はイングランドのウェンブリースタジアム。敗れはしたが、全選手がギリシャ人のチームを率い、のちに伝説となるアヤックスに挑んだのだ。相手はクライフやニースケンスらを擁し、ここからチャンピオンズカップ3連覇を達成するチームだった。プスカシュの監督就任については、ナショナル・セカンド・ティアア［訳注：2025年に開幕するオーストラリア2部リーグ。略称NST］を戦うサウスメルボルンの取締役会がジネディーヌ・ジダンを説得し、人生のうちの一瞬だけ監督を務めさせるような話だと思ってほしい。

プスカシュに対する注目は、まさにジダン級だった。ポステコグルー本人によれば、スポーツ界における本物のセレブのありようを彼が初めて目にしたのが、選手生活におけるこの時期だった。笑みを浮かべる老紳士に強引に赤子を抱かせ、カメラを構える親たちの様子は、子どもの遊びと呼ばれたサッカーが並外れた高揚感を生み出しうることを浮き彫りにしていた。突如現れたスーパースターの魔法にかかる感覚は、ポステコグルー自身も子ども時代に経験済みだった。アーセナルのフォワードだったチャーリー・ジョージや、ニューカッスルの英雄マルコム・マクドナルド（通称〝スーパーマック〟）がオーストラリアリーグで数試合だけプレーしたときに、二人を崇拝するようになったのだ。しかし、彼はプスカシュと過ごすうちに新たな気づきを得た。勝ち取ったメダルの数がどんなに印象的でも、それだけでファンの強い敬愛は生まれないということだ。プスカシュが愛された理由は、自分のスタイルを堂々と貫くところにあった。現実主義的な姿勢と純粋に興奮を追求する姿勢、この二つが常にせめぎ合うサッカーという競技において、プスカシュは絶えずひらめきと冒険心を体現していた。

一方、新監督にとってのポステコグルーは、前任者から受け継ぐチームキャプテンとして最適な選手だったと言っていい。彼は少年時代、ヘラスの本拠地ミドルパーク・スタジアムでボールボーイを務め、育成部門の各年代でチームリーダーだった。そして、クラブが抱く志と制約の両方を理解しながら育ってきた。さらに、プスカシュにとって追加の特典になったのは、慣れない英語を理解し損ねても、パナシナイコス時代に覚えたギリシャ語に頼れることだった。キャプテンが通訳を買って出ることは、事前にわかっていたわけだ。この事実は、ポステコグルーにとっても幸運だった。

当時、サウスメルボルンの選手だったスティーブ・ブレアは「アンジェはいつもプスカシュを車で迎えに行き、練習場まで乗せていた」と振り返った。ブレアは若きポステコグルーがトップチームに加わった時点で、不動のセンターバックだった。「もちろん、アンジェはただ乗せるだけでなく、プスカシュから色々教わっていたよ。運転しながら、あれこれ話してた。実のところ、プスカシュは俺のようなセンターバック、つまり守備の連中にあまり関心がなかった。気にすることはない、とね。攻めて、攻めて、攻めまくる！という人だったからな。でも、アンジェは手に入る情報はなんでもスポンジのように吸収した。あいつがどんな影響を受けたか、よく確かめるといい。そこから理解すれば、どうやって今の場所にたどり着いたかも、どうして今のような戦術を採用しているのかも、全部わかる。要するに、誰より偉大な人に教え込まれたってことだ」

ポステコグルー自身、プスカシュには父親の次に大きな影響を受けたと言っている。生ける伝説を自分の「オンボロ車」に乗せていた話をするときは、思い出を愛おしみながらも不思議がるような口調になる。古くガタがきた車での送迎に不満を言われた、ということではない。当時のメルボルンにいた人々は口をそろえ、どんな無茶な要求も、どんな我儘も許されるはずなのに、プスカシュは謙虚だったと強調する。

戦術に関し、プスカシュは両ウイングに前線のタッチライン際にとどまるよう強く求めたため、両サイドバックが守備時に孤立無援になった。これには、攻撃参加をこよなく愛するポステコグルーでさえ、少し不満を感じていた。自身も積極的に攻め上がるよう促され、この戦術を大いに楽しんでもいたのだが。このことは、今でも元チームメートたちの笑い話になっている。

オーストラリア代表の元キャプテン、ポール・ウェイドは当時を振り返り、声を上げて笑っていた。「チームメートとしては面白い話だ。アンジェはサイドバックで、攻撃参加が大好きだったからね。そのくせ、守備に戻るのにはあまり興味がなかった。今とは大違いだろう？『わかったよ、アンジェ。俺たちがカバーするさ。自分勝手なやつめ……』っていう具合だった。まあ、立派なキャプテンだったよ。ピッチにいないのかと思うこともあったがね」

こう聞くと、ポステコグルーはキャプテンマークを巻く資質をやや欠いていたように思える。たとえ威厳がなくとも、なんらかの形で存在感を示すのがキャプテンというものではないか。サッカルーズで119試合に出場し、そのうち66試合でキャプテンを務めたウェイドは、すぐに真意を語ってくれた。

「どういうことかというと、アンジェは大声も金切り声も上げなかった。チームの気持ちを高めなければと感じ、ロッカールームで声を張り上げるキャプテンもいる。でも、俺たちの時代は静かなやつが大半で、アンジェも例外ではなかった。あいつが何か喋っても周りはひれ伏したりしなかったが、たいていは『ああ、たしかにそうだ。わかった。それでいこう』となった。チームメート全員から十分に敬意を払われていたってことだ。口数はとても少ないが、あいつの影響力は本物だったし、意味があった。ロッカールームで腰掛けながら、キャプテンに『うるせえ黙ってろ』と言いたくなった経験も実際にある。でも、アンジェのときは、それが一度もなかった。経営陣とのやりとりも秀逸だったし、フェレンツ・プスカシュみたいな大物とのつき合い方には舌を巻いたよ。プスカシュに対して、長年の親友みたいに話しかけることができていた」

ポステコグルーの仕事ぶりを振り返るとき、元チームメートの多くが本当に温かい口ぶりになった。ウェイドもそうだ。サウスメルボルンのような歴史と格式のあるクラブのキャプテンにつきまとう面倒に、ポステコグルーはまじめに向き合った。選手代表としてクラブ経営陣と設備やボーナス、練習日程の交渉をすることも、毎シーズン後の慰安旅行など本当に重大な問題を扱うことも、キャプテンの務めだった。選手たちで行ったハワイ旅行に関しては、参加した全員が神話のように語り継いでいる。ポステコグルーにはいつも、二つの世界を股にかける能力があった。役員たちとの議論で賢く立ち回れるよう準備もした。彼はただ選手の仲間として振る舞うだけでなく、選手の本質的利益を最大限に確保し、それを真の意味で守っていた。

ウェイドは次のように語っている。

「経営陣と話ができる一方で、ほかの選手との距離も近くてね。口の悪さも俺たちと一緒！あれほどあちこちから尊敬されるやつは、そう多くない。ピッチ内外で尊敬を勝ち取る必要がある、という話は色々な人がしているがね。あいつは手綱の引きどころがわかっていて、『だめだ、もういい加減にしておこう。仕事に集中するぞ』なんて声をかける。それから、タイミングを見計らって『よし、ちょっと息抜きだ』となる。曲芸師みたいに見事なバランス感覚だった」

彼はまた笑いながら、ゴール前での決定力のなさをポステコグルーに容赦なくネタにされた話もしてくれた。

「アンジェのやつ、俺がなかなかゴールを決めないもんだから『ラッシー』なんて呼んできた。イアン・ラッシュにちなんでね〔訳注：ラッシュは1980～90年代に活躍したストライカー。リバプールで得点を量産したが、イタリアのユベントスに一時在籍した1987／88シーズンやリバプール復帰初年の1988

／89シーズンはゴールが少なかった」。しかも、ピッチ内だけじゃない。いつも『おい、ラッシー。断食がわりにゴール断ちでもしたのか？』なんて言ってからかわれた。きついって！　でも、そんな冗談でさえ『人との関わり方は心得ているし、人の気持ちは理解している』という意味に聞こえた。人の扱いは一流だった。だからこそ、みんながついていきたがる。あいつがすることに、参加したいんだ。

サッカーの内容については、8点取られても9点取る、というのがキャプテンとしてのアンジェの姿勢だった。そこは揺らいだことがない。点差に関係なく、常に相手よりも1点多く取ろうとした。たとえば自分のチームが7点も取られていたら、アンジェだって愉快ではないだろう。だが、それでもあいつが望むのは、8点取りにいくことだ。相手ゴールに8回ボールを叩き込むのに必要なだけの信頼と鼓舞、自由をチームメートに与えるに違いない。サウスメルボルンに在籍し、プスカシュとアンジェのチームに参加できたことは紛れもない喜びだった」

喜び――。プスカシュ・ポステコグルー体制のサウスメルボルンにいた元選手たちとの会話において、この言葉は最重要テーマだった。前出のブレアは、次のように語っている。

「プスカシュと働くのは、ものすごい体験だった。あれだけ質の高い人がどういうつもりでうちに来て、指導していたのかはわからない。早朝トレーニングでシュート練習をしたときのことを覚えている。シュートを打つ選手がプスカシュにパスをして、リターンを受けてからゴールを狙うというメニューだった。ボールは上や左右、あちこちに外れ、コーナーフラッグにまで当たるありさまだった。そこで、プスカシュが手本を見せたんだ。全員がその場で固まったね。当時はかなり太っていて昔みたいに走れなかったけど、あの左足ときたら。わかるだろう？　選手がパスしたボールをズドン！とゴールの上隅に決めたんだ。それ以上に印象的なのが、謙虚さだ。本当に地に足がついていた。

プスカシュのサッカースタイルは攻撃がすべて、ゴールがすべてだった。ただし、知識のレベルは高かったが、コミュニケーションには難があった。そこで、アンジェの出番だ。あいつはギリシャ語でプスカシュと話せたからな。戦術的には、アンジェはもはやサイドバックじゃなかった。ボールを持てば攻撃参加。すぐに攻め上がっていった。俺たちを置いてけぼりにして、とにかく前、前、前、前。うちは強豪チームだったから、たいていの試合で得点が多かったし、攻撃的にプレーした。プスカシュの話はシュートと得点のことばかりで、『2点取られたら、こっちは4点取るぞ。チャンスがあったら、とにかくシュートしろ！』っていう具合だった。こういうところ全部がアンジェに影響を与えている」

ブレアはプスカシュの経験豊富さにも言及した。

「もちろん、州外に遠征するときは、全員が飛行機でプスカシュの隣に座りたがった。それなら、逃げられる心配はない。向こうとしても、話しかけざるをえないってことだ！　俺はいつもセルティックのことを質問して、プスカシュはいつもジミー・ジョンストン〔訳注：1960年代のセルティックの黄金時代を支えたスコットランドを代表する名選手〕の話をした。片言の英語だったけど、いつも『チャンピオン』とか、『すごい選手』とか、そんなことを言っていたよ。その時間だけは話を聞いてもらえた。チャンピオンズカップ優勝のことも全員に聞かれていたな。決して自慢話はしなかったがね。すべてをその目で見て、すべてをやってきた人だった。

プスカシュの下でリーグ優勝したシーズンは、観客が1万8000人くらい入ってた。俺たちにとっちゃ大観衆だ。スタジアム全体、選手全員が舞い上がっていた。ところが、プスカシュは平然とベンチに座っている。『こんなのなんてことない。なぜそんなに興奮しているのかわからない』とでも言うかのようにね。彼がどんな場所でプレーしてきたのか、どんな試合に出てきたのか、どれだけの功績を重ねてきたのかを考えてみれば、オーストラリアでの試合なんてものの数に入らないってことだ」

プスカシュはプレーオフ決勝での勝利にさえ無感動だったかもしれないが、ギリシャ系コミュニティーが自分たちの大事なクラブを支え続けていたことは疑いようがない。ヘラスを名乗らなくなっても、そこは変わらなかった。好調だろうと不調だろうと、移民たちは小さな故郷となったサウスメルボルンに寄り添い、クラブは非常に南欧的な熱気に包まれていた。当然、そういう環境からは並外れたサポートが生まれ、クラブに対する期待も高まった。

当時のオーストラリアサッカー界を見渡すと、移民の出自を反映した〝民族的〟なチームばかりだった。クロアチア人も、イタリア人も、マケドニア人も、ポーランド人も、皆がサッカーへの愛を抱えたまま新世界に降り立ったからだ。一方、そうしたサッカーファンたちは、祖国だけでなくイングランドのサッカーも深く敬愛していた。その一因として、単純に露出が多かったことが挙げられる。イングランドの旧ファースト・ディビジョンは、ギリシャ1部リーグのどんな試合よりも生中継されやすかった。しかし、リバプールやマンチェスター・ユナイテッド、そしてリーズ（短期間だったが）といったクラブを取り巻くむき出しの興奮もまた、あらゆる経歴、あらゆる出自のファンたちがイングランドに魅了された理由だった。ここに挙げたクラブすべてにサポーターズクラブのオーストラリア支部ができ、今日まで存続している。

イングランドリーグの魅力が知れ渡ると、イギリス人選手が安定的にオーストラリアに流入し、すべてのクラブで主要ポジションを務める可能性が出てきた。そうした選手には、子ども時代に親に連れられて移住した選手もいれば、異国で暮らすチャンスに飛びついた純粋な輸入選手もいた。たとえば、オーストラリアサッカーには昔からスコットランド人やスコットランド系の選手が多く、オーストラリア代表にも名を連ねている。

もちろん、クラブが基盤とするコミュニティーで育ち、地元チームの一員となった選手に対し、より大きな称賛と敬意が与えられることは明らかだった。ただし、そこには重圧も伴った。ポステコグルーは常に人気選手だったかと聞かれれば答えはイエスだが、結果を出せばという条件付きだった。

スコットランド生まれで根っからのセルティックファンのブレアは、旧友であるポステコグルーの境遇について「アンジェはサッカーが与えてくれた父親との絆を口にする。それは素晴らしい。だけど、選手になればクソ溜めに落ちる可能性もあったんだ！　トップチームに昇格さえしなければ、何も起こらなかったのに」と指摘した。

「アンジェはギリシャ系の若手選手だったが、チームにはイギリス人の影響も強く残っていた。ちなみに、あいつは昇格前、俺が試合に出ている傍でボールボーイをやっていたんだ。やばいだろ？　どう考えてもやばい話だ。そのボールボーイ君がトップチームに昇格してきて、しかもいい選手だった。若くて、情熱的で、うまくて、攻撃的。つまり、あまり守備をしないってことだけどな！　でも、よくやっていた。あいつにとって、うちの選手でいることは、とてつもない誇りの源だった。ギリシャ的なエンブレムをユニフォームにつけたギリシャ系クラブでプレーすることの意味は、スコットランド生まれの俺とは比較にならない。俺もクラブに尽くしたし、長く在籍した。よくしてもらったからな。でも、ギリシャ系選手がギリシャ系クラブでプレーしているとなれば、父親は誇らしくてたまらない。実際、ジムはそうだった。

アンジェのことは、ギリシャ系コミュニティーにとって誇りの問題だった」

ブレアは説明を続けた。

「そのことは、アンジェのキャプテン就任にも一役買った。しかし、ギリシャ系クラブでプレーするギリシャ系選手が、今度はキャプテンになるとは。名声はすごいが、『やってくれよ』というプレッシャーも、責任も大きい。選手関連の問題で板挟みになることも多かったし、ギリシャ系しかいないサポーターズ・コミッティーと選手たちの間で、しょっちゅう仲介役になっていた。両方の視点で見ることができて、いつも人の話を聞く姿勢があった」

キャプテンの仕事には、きちんとしたマニュアルがない。他者から求められる振る舞いに対し、各々が自身の資質や特徴、欠点を適合させる必要がある。それと同じく、引退への対処法にも確実なマニュアルは存在しない。しかし、アスリートはすべて、この避けようも逃げようもない敵につけ狙われている。たとえば、膝前十字靭帯の損傷はこれまで、多くの選手の引退を早めてきた。そして、望みが潰えたことに気づくまで時間はかかったが、ポステコグルーもついにその一人となった。自伝を読むと、彼は選手生活を「フラストレーション」と表現している。選手時代、成し遂げるチャンスさえなかったこと全部が、この言葉の理由だった。さらに、ある日曜午前の出来事には、心からの失望をあらわにしている。膝の傷痕のせいで消え去った機動力を取り戻すため、サウスメルボルンのU20（20歳以下）チームの試合にオーバーエイジ枠で出たときのことだ。試みが失敗に終わり、ミドルパーク・スタジアムで足を引きずって歩く彼に、もう選手生命は終わったのだと告げる度胸がある者はいなかった。

その一部始終を目の当たりにしていたのが、若手だったティム・シュレーガーだ。クラブはトップチームで定位置を争う力を失ったポステコグルーの事実上の後釜として、シュレーガーを獲得していた。シュレーガーは今、理学療法とスポーツ科学の会社を経営している。当時のポステコグルーについては、寛大かつ経験豊富なプロフェッショナルだったと振り返った。シュレーガーが足場を固めれば自分がポジションを失うにもかかわらず、新人の彼がクラブになじめるよう最善を尽くしていたそうだ。

「アンジェは終わりに近づいていて、俺が彼のポジションに入ろうとしていた」とシュレーガーは振り返った。皮肉なことに、シュレーガーもその後、怪我のせいで早くに引退を余儀なくされ、新たな仕事に就くことになる。シュレーガーはロッカールームでよくある厳しい言葉のやりとりを引き合いに出し、プロとして成功を目指す選手を阻む壁について説明した。

「サッカーのことや若手選手が置かれる環境のことについては、よく話をする。今も世界各地のサッカーに関わっているけど、どこも同じだ。チームにはどうしようもないクソ野郎どもがいて、新人選手を困らせようとする。そこで一人か二人、たとえばスティーブ・ブレアみたいな、本当にすごい人がいる。スティーブは年上だったけど、あっという間に親しくなった。目をかけてくれて、なんというか、サッカー選手としてすべきことを極力単純にしてくれた。『いいか、お前がやらなきゃいけないのは、これとこれだ』って話を毎回してくれた。『おいおい落ち着けよ。落ち着けって！』と言われることもあった」

ポステコグルーの引退については、次のように語った。

「アンジェの話だが、今と違い、当時の膝前十字靭帯損傷は選手への終身刑宣告のようなものだった。リハビリだけで12カ月かかったからだ。アンジェはスピードが落ちた。今なら理学療法とコンディショニングの知識があるから、『ああ、治癒はしたけど、柔軟性がなくなっていたんだな。可動域とスピードが全然戻らなかったんだな』とすぐにわかる。つまるところ、実質的にあの怪我で彼は終わりだった。でも、俺にはすごくよくしてくれた。あの頃、アンジェからいくつもアドバイスをもらったのを覚えている。だから俺は、この人は選手よりも監督としてずっとすごくなるぞって、いつも言っていたんだ。

ところで、アンジェは単純な短距離走のテストのせいでフランク・アロックのアシスタントコーチにされたという話がある。最下位だったらアシスタントになれと言われた、と。実際、アンジェは人間的に最高で選手としても優れていたけど、気の毒なことに、もう走れなくなっていた。それで、断トツの最下位になった。だから、この競走でビリだったせいでアシスタントを押しつけられたというのは、冗談話だよ。あれはフランクに起こりえたなかで、最高の出来事だった」

たしかに、この話は少し割り引いて聞いたほうがいいだろう。多くの人が、もう脚が思いどおりに動かないと悟った瞬間から、ポステコグルーは指導者になるつもりだったと証言するはずだ。選手時代でさえ、彼の影響力には並のキャプテンを上回るものがあった。チームメートたちはいつも、彼は監督の指示をただ伝言しているのではないと感じていた。どんな戦術であれ、その裏にある考えを理解していたし、監督の話にタイミングよく説明を加え、ほかの選手の理解を助けることもできた。

シュレーガーは「アンジェの洞察力は別格だった」と語る。「アンジェとは、2分話すだけで30分話したような感覚になった。要点を正確にとらえ、その2分でいくつも深いところを見抜くからだ。サッカー界には、監督のメッセージがチームに浸透しないという話があふれている。俺自身、1シーズン通して1回も会話しなかった監督もいる。こっちは自分の仕事だけして、監督の声を聞くのはチームトークだけ、という具合だった。本当にそうだった。それに比べ、アンジェとは3～4分、あるいは2分、会話するだけで、選手や人間として成長するため本当に役立つことを三つも四つも教わっていた。当時17歳だった俺にも、この人には特別な力があるとわかった」

キャプテンとして磨いたその能力は、左サイドバックとして機能できなくなり、アロックのコーチ陣に引き入れられたときに生きたことだろう。サッカルーズを率いた経験もあるアロックには、ポステコグルーを手元に置く価値がわかっていた。彼はサッカー史上屈指の偉人であるプスカシュをはじめ、真の名将たちに師事していたからだ。また、育成年代からの生え抜きをコーチ陣に加える利点も感じていたかもしれない。ポステコグルーはサウスメルボルンというクラブの組織文化を理解していたし、必要なときに〝自分のクラブ〟のため正しいことをしてくれるという意味でも信頼できた。

第3章
痛みを糧に——揺るぎない攻撃的スタイル

早くに名を成すための唯一の方法は、自分の行動方針を絶対に曲げないことだ。つまるところ、冒険物語に慎重さや現実主義が出る幕はほとんどない。この冒険をエベレスト登頂にたとえ、物語の主人公がたまたま還暦目前の男だったとしよう。彼が成人してからの人生のすべてをかけ、心を挫くような逆境や破滅的な災いに耐えて麓まで来たのだとしたら、ここで山頂を目指さなければ過去の努力すべてを裏切ることになる。アンジェ・ポステコグルーはかつて、人生最大のチャンスはすでに自分を通り過ぎ、二度とめぐってこないのではないかと本気で考えていた。そんな彼が大きな目標を前にしたら、立ち止まるどころかギアを落とすことすら検討しないだろう。

前進を絶対視するポステコグルーの哲学を、どう説明すればいいだろうか。彼のアシスタントコーチを長く務め、全幅の信頼を得てきたピーター・クラモフスキー（現FC東京監督）によると、まず理解すべきは、ポステコグルー自身が「自分は世界最高の監督の一人になれる」と本気で信じているということだ。ポステコグルーの指導でキャリアの変化や加速、再生を経験した選手は多い。証言を求めれば、彼を代弁したがる者で行列ができるだろう。そして、そうした教え子たちの多くが、ポステコグルーはその時点、その場所において間違いなく革命的な戦術や構想を、必ず成果が出るという信念の下、勇気をもって実行したと語るはずだ。また、彼と親しい人たちは、過去数年の成功はすべて、その信念の正しさを証明していると感じている。これまで厳しい挫折に耐えてきたことが、ようやく報われたのだ、と。

アメリカの懐かしのコメディアン、グルーチョ・マルクスは「これが私の信念です。ああそれから、あなたがお気に召さないのであれば別の信念もありますよ」と言った。サッカーや戦術、監督業の真髄に対するポステコグルーの姿勢は、これと正反対だ。彼は自分がすることを曲げたりしない。格上の相手から勝ち点を奪う可能性（あくまで可能性だ）を高めようと周囲が一斉に妥協を求めても、ポステコグルーは自分の基本構想にこだわるだろう。安い観客席に座るファンだろうと、関係者席に座るお偉方だろうと、口出ししてくるのが誰かは関係ない。この揺るぎなさの一部は、たとえ途中で悲劇的な敗北を喫しようとも、選手がのびのび自分を表現し続けることが向上に不可欠だとの深い信念に根差している。しかし、攻撃的かつスピーディー、爆発的なサッカースタイルで相手を窮地に陥れることを金科玉条とし、それを頑なに守り続ける彼の姿勢には、さらなる理由がある。

ポステコグルーの動機の一部は、父親が絶対に喜ぶスタイルでプレーしたいという子ども時代の純粋な願望にさかのぼる。親に認められたいという欲求は、人生における動機づけとして決して過小評価できない。父親をはじめ、幼い自分に厳しかった人を笑顔にしようと山をも動かした男（ほとんどが男性だ）の話は、歴史上にいくつも見つかる。多くの友人が快く提供してくれた証言によれば、父親がこの世を去り、祝福の言葉を直接かけられる機会がなくなっても、ポステコグルーはそうした使命感を抱いている。

しかし、ポステコグルーが自分の道を進むうえで、同じくらい強力な推進力となってきたことがもう一つある。ここでは、それを鬱積《うっせき》感と表現しておこう。自分の能力に本当に見合った仕事を得るのに、60歳になろうという最近まで待たされ、たまりにたまった不満のことだ。彼はチャンピオンズリーグの舞台に立つときを、ずっと待っていた。その念願がかなうと、彼は心の中のジェリー・リー・ルイスと交信した。不屈の精神を持ったロックピアニストで、アメリカのロック音楽の先駆けとなった人物のことだ。伝記映画の名作『グレート・ボールズ・オブ・ファイヤー』を見た人なら、敬虔《けいけん》で、神を恐れ、熱心に信仰を説き、延々と小言を続ける従兄弟に対し、ルイスが「これで地獄に落ちるなら、地獄でピアノを弾くさ」と言い放つシーンをご記憶だろう。ポステコグルーの場合、敵地のレアル・マドリード戦をスコアレスドローに持ち込むために悪魔と醜い契約を結び、理想を封印するような時間の浪費はしなかった。負けるにしても、自分のやり方で負けるということだ。

クラモフスキーはポステコグルーとともに働いた15年の大半を費やし、彼と議論しても無意味であることを学んできた。そして、ポステコグルーがどんな状況でも揺らぐことを拒んできた理由を今では明確に理解している。

「チャンスを逃してしまったと深く考え込む時間も、たくさんあったでしょう。本人が公の場で言っていたと思いますが、今のチャンスだって逃していた可能性はあったんです。

こういうこと全部がつらく、心を苛みます。なぜなら、自分が世界最高の監督の一人だと、あるいはそうなれると、心の底から信じているからです。こうした心の痛みはすべて、信念や人間性を問う試練です。当然ですが、アンジェが今のような監督になるまで、まっすぐな道のりではありませんでした。アンジェは多くのことを耐え抜いてきた。監督になってから30年かけて今の場所にたどり着いたんです」

クラモフスキーは続けた。

「彼のサッカースタイルは常に一貫しています。意図や信念も、常に一貫しています。スタッフやコーチ陣はその進化とともに洗練され、その進化が止まることはありません。

表面的な話だけではありません。これにも確信がありますが、アンジェ自身、そういうサッカーを見るのが大好きで、自分のチームがそういうプレーをするのを心底見たがっている。彼にとって、それがすべてです。でも、それが成功している。正しくプレーすれば、結果はついてくるのです。

あのサッカーがアンジェにとってなぜ重要なのかは多くの記事で取り上げられ、深く掘り下げられています。理由は父親です。父親がプレーしたがるようなチームをつくっている。父親への尊敬を表現している。父親の存在抜きに、アンジェのサッカーは語れません。彼が今のようにすごくなったのは、すべて父親のためです。ただし、それだけじゃない。自分自身があのサッカーを愛し、あのサッカーを信じているんです。アンジェは成功するチームのつくり方を心得ている。問題は、条件とタイミングが合うかどうかです」

ポステコグルーがサウスメルボルンFCで指導者に転じてから30年、さまざまなフォーメーションが現れ、消えていった。サッカー界がさまざまなトレンドや革新、退行や新発見のはざまを移ろう間、あらゆる戦術が流行し、時代遅れになっていった。3バックとフラット4、アンカーとダブルボランチ、信仰にも似た献身的なプレッシング、厳格なポジショナルプレーと相手を惑わせる流動的なポジションチェンジ……成功を収める監督は例外なく、最新の戦術やスタイルのなかから、自分のチームで機能するものを取り入れる。大事なのは、取捨選択の仕方を心得ることだ。

しかし、ポステコグルーがセルティック時代に見せたのは、一つのサッカースタイルへの人生を通じた愛の結実だった。彼はそのスタイルによるサッカーを見ることに魅了された結果、新たなアイデアを取り入れたり、ほかに先駆けて実行したりした。たとえば、サイドバックをピッチ中央に上げる戦術も、攻撃的ミッドフィールダーに自由を与えてライン間を走らせ、5レーンをフル活用する攻撃法もそうだ。正確にタイミングを計れば、確実に相手守備陣がコンパクトさを失い、ほころびが生じる。この進化は遠い昔、彼が指導者になった時点までさかのぼれる。それどころか、サウスメルボルンでの選手時代、伝説のフェレンツ・プスカシュの指導を受けた頃に始まったという見方さえできる。ポステコグルーのキャリアを探れば、ほぼすべての時期に〝アンジェボール〟のDNAの痕跡が見つかるはずだ。彼が所属したチーム。そこで送ったシーズン。獲得・放出した選手。変身させた選手。わずかな差が勝敗を分け、1メートル単位の駆け引きが続くサッカーという競技において、斬新かつ大胆なスタイルを受け入れるよう触発した選手。そのすべてに、このDNAは存在する。

ポステコグルーを一つの指標でしかサッカーを見られないポゼッション依存の監督と決めつければ、彼のやり方を完全に見誤るだろう。ポステコグルーはいつも、ただボールを持っているだけの状態にならないよう注意を払っている。表面的に心地よいだけで相手の脅威にならないリズムに陥ることについて、侮蔑を込めて語りもする。そして、敵陣深いエリアで数的優位を生み出し、相手が対応できないスピードで襲いかかることが重要だと、絶えず強調している。

ポステコグルーは決して、ボールを素早く前線に送るプレーを禁じていない。実際、配球能力に優れたセンターバックには、状況次第でサイドや中盤にボールをつながず、前線を走るフォワードにすぐにパスするよう促している。とはいえ、相手ディフェンダーを背走させるためだけに、山なりのボールを大雑把に敵陣に蹴り込むようなことはない。また、前に向かうときには、フォワードだけでなくチーム全員で攻めることも求めている。多くの選手を敵陣深く、魔法が生まれるファイナルサードに送り込み、相手にとって危険なゾーンを意図的に埋め尽くさせる。リスクを恐れず手に入るものに目を向けろ、というわけだ。

スコティッシュ・プレミアシップでセルティックと対戦する11チームのうち10チームは、自陣から出ずに守備を固めようとした。一部のファンは怒るかもしれないが、これはサッカーと生きるうえでの真実だ。そういう守備的なチームとの対戦では、ボールを餌に使い、相手最終ラインに4枚、5枚、あるいは6枚と並ぶディフェンダーをおびき出すことが特に重要だった。最終ラインの目の前と背後にあるそのスペースこそ、ポステコグルーにとって最高のエリアだ。選手たちが目まぐるしく立ち位置を入れ替える〝ローテーション〟も、局面ごとの入念なパターン練習も、ここで成果が発揮される。さらに、ここでは選手たちが自分のアイデアを思う存分試すことができる。相手の守り方を観察するためスピードを落とすこともあるが、ギアを上げると決めたときにはもう、勢いを封じることは難しくなっている。

そうしたゲームモデル全般で、アイデアの進化と発展は自ずと起こってきた。たとえば、オーストラリア代表を率いた2014年のワールドカップ・ブラジル大会、ポステコグルーは前線の起点をティム・ケーヒルに任せ、4-2-3-1の基本陣形を大きく崩さなかった。両サイドバックは前線に上がるものの、守備的ミッドフィールダーの二人は相手の速攻に備えて後方にとどまった。それに対し、2018年ロシア大会への予選では基本陣形を3-4-2-1に変えている。トム・ロギッチやアーロン・モーイといったミッドフィールダーの能力を最大限に引き出すためだ。ポステコグルーは教条主義的な監督ではないのである。

トッテナムの監督に就任するまでの数シーズンを見ると、ポステコグルーは選手を広く配置する4-3-3に腰を落ち着けているようだ。これはトータル・フットボール黄金期への回帰であるとともに、現代サッカー界全体の方向性を示す実例でもある。世界最高峰のUEFAチャンピオンズリーグでは現在、タッチライン際に味方選手を配置することで相手の守備選手をサイドに引き寄せ、守備陣形の中央に隙間を生み出す攻撃戦術が主流になっている。一方、守備戦術では、最前線でボールを追いかける〝ハイプレス〟から、ハーフウェーライン付近で陣形を組む〝ミドルブロック〟や、ペナルティエリア付近で相手を待ち構える〝ローブロック〟へと徐々に重心が移っている。こうした現状に照らしても、ポステコグルーの戦い方は時代の最先端を行っているように見える。このサッカーは横浜F・マリノスで磨き上げたものだ。マンチェスター・シティFCと同じシティ・フットボール・グループの一員として知られるクラブである。彼はセルティックを率いてレアル・マドリードの本拠地サンティアゴ・ベルナベウに乗り込むときでさえ、自身の志を曲げることに誘惑されたりしなかった。さまざまな環境で一つのサッカーを実現するポステコグルーの歩みを見てきた者にとって、その姿勢も驚きには値しないのである。

ブリスベン・ロアーの元スター選手トマス・ブロイヒは、2010年代のAリーグにポステコグルーが持ち込んだサッカースタイルの衝撃を今も鮮明に覚えている。ブロイヒはドイツ生まれで、引退後に母国で戦術専門家としての評価を確立した。今はブンデスリーガのヘルタ・ベルリンでメソドロジー部門を統括している。当時のオーストラリアサッカーは、相手陣内にロングボールを放り込む旧時代のイングランドのような戦い方に偏重していた。そんな地球の裏側のリーグにブロイヒが移籍したのは、結局のところ、ポステコグルーが売り込んだビジョンに惹かれたからだった。彼が語って聞かせたサッカーの話には、ブロイヒが飛行機に乗る気になるだけの確かな魅力があった。しかし、本当に印象に残ったポステコグルーの特徴は、その場の全員が自信を失っているときにも自分を貫く度胸だった。今日まで変わっていないポステコグルーらしさである。

「私がただ一つ、最も重要なことを挙げるとすれば、それは戦術的なことではなく、勇気と勇敢さです。あれから何年も経ち、何度も話してきたおかげで気づいたことです」とブロイヒは言う。

「たしかに彼のサッカースタイルは素晴らしいですし、戦術的な知識も突出しています。練習の組み立ての巧みさも、誰にも劣りません。すべてを満たしている。でも私に言わせれば、まったく妥協がないところや、ものすごく勇敢なところこそが、絶対に重要な要素でした。

オーストラリアで監督をするのがどんなことか、想像してみてください。選手たちはイングランド伝統の4-4-2と、こぼれ球を拾うプレー、ロングボールを使うプレーに慣れています。そんな状況で彼は『バルセロナのようなプレーを基本にするぞ。ショートパス主体のサッカーに挑戦しよう。パス・アンド・ムーブを繰り返すんだ』とやるんです。

そういうサッカーを初めてするときは、ありとあらゆるトラブルが起こります。すぐには機能しません。すべてに耐える力をつけ、困難を切り抜け、自分を信じ続け、その信念を浸透させる。これは大仕事ですし、それができるのは重要な特性だと思います。

アンジェと似た考え方をする監督は多いです。理想として、多くの監督が彼のようなサッカーをしたがっている。でも、それをやり抜く胆力がない。アンジェは滑り出しがうまくいかないときも、すべてのクラブで同じことをやり抜きました。

それはセルティックでも同じでしたよね？　遠くから見ていて心配した時期もありました。7試合で3勝1分3敗だったので、解任されかねないと思ったんです。あれを乗り越えるには、勇敢さが必要です」

ブロイヒはポステコグルーと会い、契約書にサインして大冒険に出るよう説得されたことなど、ブンデスリーガから新天地オーストラリアへの移籍を受け入れた経緯を説明してくれた。

「私は当時、ニュルンベルクでプレーしていて、アンジェはヨーロッパ視察の途中でした。ちょっとしたデートをしましたよ。彼はその日、なんとベルギーから車で来ていたんです。8時間かかる距離です。言っておきますが、片道ですよ!?　それで、座って話をしたわけです。

正直言って、第一印象はよかったですし、サッカーのビジョンも好きでしたが、口先だけということもサッカーの世界ではよくあります。だから、あまり大きな影響はありませんでした。『ああ、そうだね。興味深いよ。僕はクラブを出たいし、これは外国でサッカーをできるチャンスだ。もう一度サッカーに夢中になれるかもしれないっていうのは、今の僕には大事なことだ。やろうとしているサッカーとの相性もよさそうだ』とは思いました。でも正直なところ、そのときはあまり深く考えませんでした」

地元に近いクラブを選べるヨーロッパのサッカー選手の多くは、ブリスベンの陽光を空想したりしないだろう。ブロイヒは笑いながら回想を続けた。

「サッカーに関しては、オーストラリアは少し遅れた国でした。だから、アンジェがすごい人であることに気づいたのは、実際に一緒に働き、毎日指導を受けてからです。これまで私が師事した監督のなかで、アンジェは誰よりも、しかも圧倒的に優れています。誰も彼を話題にしていなかった10年前から、折に触れてそう言ってきました。ここドイツにいるときでさえ、オーストラリアにすごい人がいると言っていたんです。でも、誰も彼を知りませんでした。彼はサッカーを知り尽くしています。天才監督なんです。

最初から順調だったわけではありません。歯車がかみ合い出したのは、プレシーズンが終わり、開幕から数試合をこなした頃です。でも、アンジェのチームはいつもそうやって転換点に到達します。そして、すべてが本当にうまく回り出し、勢いが出てきた段階で、これは特別なことになるかもしれない、と気づくわけです」

過去にポステコグルーと仕事をしたことのある人たちは、布教に熱心なことが多い。この本を書くための取材中、〝真の信者〟や〝情熱的な使徒〟とでも呼ぶべき人々と繰り返し出会った。ポステコグルーはスポーツ界で屈指の影響力を備えたリーダーかもしれないと考え、その理由を説明しようとする人々が、私の前に行列をつくっているかのようだった。そんなことが起こるのは、彼がしていたことが正しかったからに違いない。

ポステコグルー自身、指導者の仕事はチームを優勝させることだけではないと信じている。新たなクラブの一員となり、長期的な変革をもたらすという展望は、彼の目にいつも魅力的に映るのだろう。決意表明のような内容の自伝には「私は山に登ることを楽しむ監督だ。山に登らずにいられない監督だ」と記している。

なかなかの表現ではないか。自分の行動原理の核心を突いている。「せずにいられない」というのは、つまり選択の問題ではないということだ。ただ与えられた役割に順応し、すでに手に入れたものを守ることなど、彼にはできない。考えるだけでも体がむずむずして、涙が出てくることだろう。人生のほんの一時期だけ、外部からの影響で守りに入った経験を覚えているからかもしれない。その結果はろくなものではなかった。

ポステコグルーは育成年代のオーストラリア代表（通称〝ヤングサッカルーズ〟）の監督だった2007年、U20ワールドカップの出場権を逃して解任された。7年にわたり、オーストラリアサッカー連盟（FFA）の育成部門で懸命に働いた末のことだった。ポステコグルーは当時、トップ年代の国内サッカー全体で選手育成が停滞する状況に立ち向かい、厳しい時期を過ごしていた。彼が感じていた苦痛があらわになったのは、元オーストラリア代表の評論家、クレイグ・フォスターとテレビ中継中に交わした有名な論争でのことだ。この出来事については、のちの章で詳しく取り上げる。
ポステコグルーは数年後、ブリスベン・ロアーの監督として評価を取り戻し、オーストラリアサッカー界でも特に尊敬されるリーダーとして再び称賛された。彼は当時、ヤングサッカルーズの監督を解任された頃を振り返り、次のように認めている。「任期終盤はおそらく人生で唯一、自分の職を守ることを考えすぎた時期だった。誰かをなだめるためだったにせよ、重圧を感じていたからにせよ、私は妥協した。ここで学んだのは、信念を曲げてしまったら、私は絶対に成功できないということだ。退任したとき『次の仕事では原則を曲げない。もう誰にも指図させない』と自分に言い聞かせた。オーストラリア人のトールポピー症候群［訳注：「出る杭は打たれる」に近い慣用表現］は重々承知だが、私は誰の言いなりにもならない。言いたいことがあれば言うし、他人にどう思われようが気にしない」（2011年12月3日付『シドニー・モーニング・ヘラルド』紙でのインタビュー）
ポステコグルーはヤングサッカルーズでの妥協を唯一の例外とした。これ以降、原則を曲げずに冒険に挑み、比類なきものを築き上げながらステップアップを重ね、選手たちの心をつかんできたと自負している。自助を奨励し、前向きなキャッチフレーズを垂れ流すだけのカリスマたちとは違う。ポステコグルーのマンマネジメントは親密さの対極にあり、旧時代的なやり方も多い。選手に緊張感を持たせるためわざと無視するような指導者がいた時代のことだ。とはいえ、自分が17歳でトップチームに昇格し、口を開けないほど怯えていた頃と比べ、サッカー界が変わったことははっきり理解している。

具体的に言えば、ポステコグルーは自分の考えを説明する。彼は選手の考え方を変えたいのであって、機械仕掛けの人形をつくりたいわけではないからだ。だから、常に説明を手短に済ませることを好み、監督である自分と個人的に親しくなりすぎないよう選手に仕向ける一方、自分は状況を完全に掌握するだけでなく、選手が高みに達するのを助けるため文字どおり全力を尽くしている、というメッセージを発している。

もう一つ、ポステコグルーが理解していることがある。試合中に監督がピッチ外から大声で指示を飛ばしても、大して効果がないということだ。だからこそ、どんな試合でもハーフタイムが重要になる。この時間の使い方には、監督という仕事の要素が最も濃縮されている。本人の見積もりによると、メッセージを伝えるための猶予は、全員がロッカールームにそろってからの約4分間だ。選手は頭が混乱しているし、監督自身も全方位から集まる情報を受け止めきれなくなっている可能性がある。そんな状況で、チーム全体の心理状態はどうか、個々の選手はどんな気持ちでいるかを察知しなければならない。さらに、この間もずっと〝馬鹿はやるな〟という監督業の鉄則を覚えておく必要がある。

しかし、ハーフタイムで出す指示も、試合前に行う確認も、開幕前の分析も、詳細なゲームプランも、それだけでは効果を発揮しない。ポステコグルーはサウスメルボルンから横浜、ギリシャのパトラ、そしてグラスゴーに至るまで、千差万別のサッカー環境にある多種多様なチームで緻密なサッカーを構築し、今度はロンドンで同じことをしようとしている。これをやり遂げるには絶え間ない努力が必要だ。ほんの1日休むことも、たった1分を無駄にすることも許されない。

ポステコグルーの元同僚たちにキャリアの各段階の話を聞けば、彼が選手に激怒するときのパターンはすぐにわかる。ランキングの1位はゲームプランから外れること。そして僅差の2位は、ダメージの大きい失敗を避けようと安全なプレーばかりを選ぶことだ。その一方、複数の元選手・元コーチの証言によれば、指示どおり後方からパスをつなごうとした最終ラインの選手がミスを犯し、失点につながった場合、ポステコグルーはその選手を全力で擁護し、称賛さえする。また、4バックや中盤の選手がパス出しに手こずり、相手にとって危険なエリアにボールを送れない試合では、むしろ前線のストライカーたちを批判して状況の見方をひっくり返す。前線がもっと賢く走り、ボールを送るスペースをつくれ、という理屈だ。これくらい管理職にとっては基本的な心理術なのかもしれないが、こうした姿勢からは、ポステコグルーがリーダーとして果たしている役割も見えてくる。彼は選手たちがより大きなビジョンを理解し、自らの役割の重要性を認識することを望んでいる。さらに、ピッチの10~20メートル先、さらには40～50メートル先にいる仲間が直面しているであろう困難を正しく理解させたがっている。どれも時間と労力のかかる仕事である。

ポステコグルーのゲームモデルの重要な特徴を挙げるようクラモフスキーに頼むと、単純な言葉が返ってきた。

「答えは単語三つ。アンジェとセルティックがほぼ同じ言葉をスローガンにしましたが、〝We never stop.〟です。的確な表現でしょう。これが彼の目指すところであり、愛し、信じているサッカーです。同じ方向に進むよう選手たちを鼓舞し、試合開始の笛から試合終了の笛まで、あのサッカーを続けさせる。そして、試合後は回復に努め、次の試合、その次の試合、さらに次の試合でも同じサッカーをするのです。

ここで何が重要か、この姿勢をどうやってチームに植えつけるかというと、それは日々の取り組みです。ゲームモデルは明確です。彼らは『自分たちの攻め方で攻めたい』。あるいは『自分たちの守り方で守りたい』。その全部がつながっています。このモデルは強いですよ。また、同じくらい重要なことが、日々を通じて選手に何を身につけさせるかです。それは彼らの武器であるメンタリティーだと考えています。そして、そのメンタリティーの源はアンジェです。選手を鼓舞する彼自身の言葉もそうですし、アシスタントコーチやサポートスタッフの一人ひとり、彼の周囲にいる全員が日々示している高い基準もそうです。メンタリティーが養われる環境ができている。先ほど述べたようなメンタリティーを日常的に選手に植えつけ、それが試合でのプレーにもつながる。試合終了間際のプレーで劇的な勝利を手にすることがあるのも、残り数分でゴールが決まるのも、0対0で引き分けそうな試合を1対0の勝ちに持っていけるのも、それが理由です。最後に1点取って、4対0の勝利を5対0にする試合もある。最後まで止まらない。なぜなら、それが日々の取り組みで構築したサッカーだからです。戦術的・技術的な視点からも、メンタリティーの視点からも、同じことが言えます。

すべての根底にあるのは、誰もがセルティックに恋するような、セルティックだけのサッカーをすることです。これは明白です。見る者すべてが興奮し、ファンが総立ちになるサッカーをするというのが、アンジェの座右の銘でした。週末の試合でそんなプレーをしたければ、毎日しっかり練習しなければなりません。もう一つ、アンジェのゲームモデルが15年目くらいまでに目覚ましい進化を遂げたことも、明白な事実と言っていいでしょう。彼のモデルは本当に明確で特徴的です。それが実践に落とし込まれて日々実行され、選手やスタッフに愛され、週末にはファンにも愛されるわけです」

相手が世界最高のチームなら、さすがのポステコグルーも柔軟に戦い方を変えるかもしれない——クラモフスキーはそんな想像を一笑に伏し、チャンピオンズリーグでのレアル・マドリードとの戦いぶりを引き合いに出した。両者はグループリーグで2回対戦した。セルティックは合計で8失点を喫する一方、得点は1にとどまる完敗だった。しかし、スペインリーグの現役王者に正面から立ち向かう大胆さには喝采が起こった。クラモフスキーは「目指すところは、試合を支配して相手より優位に立つことです」と解説する。

「アンジェは監督になってから、さまざまな先発フォーメーションを使いつつ、主導権を握ることを本分として試合に入りました。すべての根底にあるのは、最大限に攻撃的であることと、1点でも多く取ること、ファンを心の底から興奮させ、次の試合を見に来させることです。それが本質です。

彼の信念は、どこよりも厳しい環境で試されてきました。皆がセルティックの素晴らしさやアンジェという監督のすごさを語っていることは、私も知っています。これはアンジェ自身の功績ですし、十分に正当な評価であり、紛れもない真実です。しかし、セルティックの監督になるまでの過程では、つらいこともありました。オーストラリア代表では全力で自分たちのサッカーをして、トップ・オブ・トップのチームに真っ向勝負を挑みました。ワールドカップ（2014年大会）が典型です。どの試合も激しかった。結局、1試合も勝てませんでしたが、チリとオランダとは接戦でした。全敗という結果は、今もつらく感じます。

コンフェデレーションズ・カップ（2017年大会）のチリ戦も覚えています。1対1の引き分けで、このときも決勝トーナメントに進めませんでした。アンジェは打ちのめされていましたよ。最善を尽くし、最大限に優れた監督になり、世界の舞台にたどり着くという決意と意欲を奪われていました」

あと一歩で成功を逃す経験をしたのだから、ほかの人なら自分のやり方を考え直したかもしれない。しかし、ポステコグルーという監督は違う。彼はヤングサッカルーズの監督の座を追われたあと、ギリシャの下部リーグに渡って監督を続けていた。メルボルン近郊に舞い戻ってからは、ホイットルシー・ゼブラズというセミプロクラブにも在籍し、この仕事にとどまっていた。その火は簡単に消えたりしない。

だから、イギリスに渡ったポステコグルーが従来と同じメッセージを発していることに、まったく驚きはない。彼は自分のやり方を次のように語っている。

「ほかの人がただ勝利を追いかけている間、私はそれ以上のものを追い求めている。私が求めるのは、しかるべき方法で勝つことだ。勝ちたくないサッカー監督はいない。しかし、自分を駆り立てるには勝利以上のものが必要だ。

特別なことは言っていない。勝ちを逃し続ければ私だって嬉しくないし、結果を出す必要性は私たちもはっきり認識している。サッカーでは試合に勝つ必要がある。しかし、私は偶然やちょっとした運で勝つことを望まない。それでは自信にならないと考えている。

それに、私は〝モメンタム（勢い）〟という言葉を好まない。自分たちが惰性でやっているように聞こえるからだ。選手たちはすさまじい努力をしている。コンフォートゾーンにいる感覚など、持ちようがほどだ」

たしかに、ポステコグルーのマネジメント術を語るとき、〝コンフォート（不安がなく、快適で落ち着いた状態）〟という言葉はあまり出てこない。しかし、選手たちが味わう苦痛や不安、不快感はすべて、彼がチーム内に生み出す自信によって報われる。それに、選手は結局のところ、単純に安定性や一貫性を望む。そして、監督が示す基準が絶対に下がらなければ、少なくとも何を覚悟すべきかは把握できる。

ファンもまた、監督の揺るぎない姿勢を見ることで、自分たちが何を期待すべきかを把握できる。ただし、この期待には制約もある。チャンピオンズリーグへの再挑戦が迫っていた頃、セルティックのファンたちはポステコグルーが公約の実現にこだわることを望んでいた。この大会に毎年出場して多額の報奨金を受け取っている強豪クラブとの差を、1年ごとに縮めていくという公約だ。だが、彼らの期待には、ポステコグルーが資金力のあるクラブに引き抜かれることへの不安がつきまとっていた。当時、セルティックの宿敵グラスゴー・レンジャーズのOBたちが、しきりにジョークを言っていた。ポステコグルーを車に乗せ、エランドロード［訳注：リーズ・ユナイテッドの本拠地］やアンフィールド［訳注：リバプールの本拠地］まで送ってやろう、と。あるいは、トッテナム・ホットスパー・スタジアムも候補に入っていたかもしれない。

サッカー関係者のなかでも特にポステコグルーと親しいクラモフスキーによると、ポステコグルーは今も自分の力を証明するチャンスを渇望している。

「横浜にいた頃、アンジェと長く、深く、有意義な会話をしました。彼の次のステップについてです。過去に何度か海外挑戦のチャンスを逃したときは、本当に打ちひしがれていました。そういうつらい思いはアンジェの一部になっています。セルティックのように特別なクラブにたどり着くことで、それが報われました。彼は心の痛みをばねにします。今のような自分になるため、そしてセルティックのような特別なクラブで影響力を発揮するためです。相乗効果に似ています。サッカースタイルを見ても、クラブの歴史を見ても、彼にとってセルティック以上のクラブはなかったでしょう。なるべくして監督になった。これは運命づけられていたことです。運命なんです」

第4章
監督就任

その夜、シドニー空港に向かうチームバスに乗っていた面々は、ポステコグルーが選手たちを厳しく叱責《しっせき》したことを覚えている。長いつき合いの友人たちにも容赦はなかった。自分の現役時代に同じピッチに立ち、同じロッカールームで過ごし、ときには連れ立って夜の街に繰り出した選手たちも聞き手に混じっていたが、そんな理由では怒りは少しも鎮まらなかった。若きアシスタントコーチだった彼が監督として覚醒したのは、この夜だったのだろうか。おそらく、そう考えて間違いない。たとえ監督候補のリストに入るまでに長い道のりがあり、多くの重鎮を味方につける必要があったとしても。実際、サウルメルボルンFCの取締役会は名のある監督を望み、招聘に動いていた。当時監督だったフランク・アロックは解任必至の成績が続き、命運尽きかけていたが、ポステコグルーが後任に選ばれるには、最終候補に残るだけでも相当な根回しが欠かせなかった。なかでも重要だったのが、役員たちが集まるバーベキューでの売り込みだ。固定観念にとらわれすぎかもしれないが、バーベキューの場で、というのが実にオーストラリア人らしい。この国民性はずっと続いてほしい。

とにかく、ポステコグルーという指導者の進化が始まったのは、オーストラリア代表監督も務めたアロックがサウスメルボルンの指揮官を降ろされた夜、選手たちを前に演説したときで間違いないだろう。ポステコグルーの話は明確だった。自身が幼い頃からサウスメルボルンに所属してきたことを端緒にして、もし彼が監督に昇格して実権を手にした場合、選手に何が求められるのかを疑問の余地なく表現していた。それは1996年4月、マルコーニ・フェアフィールド・スタリオンにみじめにも0対3で敗れたあと、チームバスの車内での出来事だった。ポステコグルーは運転席のほうに進み出て、選手たちに物申すためマイクを求めた。きちんとマイクを渡した運転手には、称賛の言葉を贈りたい。次に起こった出来事の恐ろしさから察するに、汗と涙、そのほかの体液を座席から拭き取るのに、気の毒な運転手は何週間も費やしたかもしれない。その犠牲が無駄ではなかったことを、歴史に記録しておこうではないか。

サウスメルボルンはポステコグルーを暫定監督にした。3週間という極めて短期的な措置とはいえ、差し迫った危機にある強豪クラブがその決断を下すまでにどんな経緯があったのだろうか。当時のゼネラルマネジャー（GM）、ピーター・フィロプーロスは一部始終を詳細に記憶している。なかでも、ポステコグルーがバスで発した言葉の重要部分は特に鮮明だ。彼はまず、失意に沈むアロックに代わり、むき出しの怒りと不満を爆発させた。そして、この演説によって自身の力を証明する機会を手に入れた。

アロックにとって、ポステコグルーは多くの面で理想的な副官だった。たとえば、ロッカールームでは年長選手の多くと親密な関係を保っていたため、監督と選手たちの橋渡し役になれた。しかし、アロック体制1年目を6位で終えた翌年、チームはレギュラーシーズンが残り数週間となった時点でひどく低迷し、シーズン制覇をかけたプレーオフに進出できる可能性は手の届かないところへと遠ざかっていた。

フィロプーロスは「サウスメルボルンというクラブには誇りがある。ファンも取締役会も失敗を許容しない。だから、3試合を残してフランクの解任を決めた。実際の決定打は最終節から数えて4試合目、シドニーのマルコーニに遠征した試合だった。勝ちが必要な試合を0対3で落とした。だから、フランクは去ることになった」と振り返った。

バスでの顛末は次のとおりだ。

「試合を終え、メルボルン行きの飛行機に乗るため空港までバスで移動する1時間、選手たちは楽しそうにふざけ合っていて、ちょっとだらけた雰囲気だった。一方、フランクはバスに乗るなりぐったり座席に沈み込み、まるで精気がない。アンジェはかなりうんざりしていた。彼が席から立ち上がったとき、怒っているのが見てとれたよ。それから前に行って、運転手に『マイクを貸してくれ』と頼んだ。受け取ったマイクのスイッチを入れ、『ちょっと聞いてくれ』と言ったんだが、選手は黙らない。それで、声を張り上げた。『静かにしろ！　聞け！　俺はずっと、このクラブでやってきた。だから言いたい。俺は8歳からここでプレーしてきた。すべての年代で試合に出て、ジュニアで優勝もした。トップチームのキャプテンになってからもリーグを2回制覇した。今じゃアシスタントコーチだ。あらゆるチームを見てきた。U8（8歳以下）から全部だ。俺がこのクラブで関わったチームのなかで、今夜のお前らほどユニフォームの誇りを汚したやつらはいない』とね。

それから、ある選手を名指しした。笑っていたか、ニヤついていたんだ。アンジェは『そんなに楽しいのか。それなら、来週のユースチームの試合が楽しみだ。お前は来週、ユースチームでプレーするからな』と言った。そういう信じられないサプライズがいくつかあって、もう車内は静まり返っていたよ。それから、空港に着くわけだが、当時はまだ搭乗券が紙でね。選手たちは券を交換して、誰もアンジェの隣の席にならないようにしていた」

フィロプーロスは続けた。

「私は自分に先見の明があるなんて言うつもりはないが、あのとき『この男には特別な何かがある。冗談抜きで特別なものがある』と思ったのを覚えている。メルボルンに戻り、夜のうちに取締役会議でフランクの処遇を検討して、全会一致で解任が決まった。残りは3試合。暫定監督を誰にするかも議論した。私はそこで、バスでのアンジェの言動を報告した。これも全会一致で『残り3試合はアンジェにチャンスを与えよう。ただし、正式な後任監督については検討を先送りする』と結論が出た」

翌朝、取締役会はアロックの退任を発表する手はずを整えていた。この手の発表では定番のやり方だが、シーズン残り3試合をアンジェ・ポステコグルーが指揮することや、その間にクラブが新監督を探すことは、他の情報とともに脚注に回した。ただ、ここで一つだけ問題があった。ほんの数週間とはいえ、監督の仕事を引き受けるつもりがあるか、アシスタントコーチだったポステコグルーに確認する必要があったことだ。当時はまだ、誰もが携帯電話を持ち歩いている時代ではない。しかも、彼はこの頃になっても銀行で働いていた。いつかプロのサッカークラブでフルタイムの職につけるだろうかと考えながら、小切手の支払いや両替をしていたのである。

想像してほしい。サウスメルボルンのGMが銀行に行き、ポステコグルーが担当する窓口の列に並ぶ。そして、辛抱強く順番を待ってからカウンターに近づき、外で話したいから都合のつく時間を教えてくれと声をかける。サッカー監督というのは、豪華クルーザーや高級バー、場末の酒場で任命されたとか、シャワールームや駐車場でクビを告げられたといった逸話に事欠かない職業だ。しかし、GMが銀行の客の列に並んだ末、窓口係を呼び出して就任を打診する光景は、ちょっと珍しい。だが、ポステコグルーは持ち前の泰然自若ぶりを見せ、監督昇格を伝えられても瞬き一つしなかった。そして、全選手を欠席・遅刻厳禁で午後6時に集めてくれ、とだけフィロプーロスに言い、銀行員の仕事に戻っていった。このときにはすでに、もう一度することになった重要な演説の中身を考え始めていた。フィロプーロスはその内容について、自分が聞いてきたなかで一、二を争う名演説だったと評している。

フィロプーロスには、メルボルン・クリケット・グラウンドからそう遠くない場所、客がほとんどいないホテルのバーで話を聞いた。彼は机を叩きながら、大事なところを強調した。「アンジェが選手たちに言ったことは、はっきり覚えている。『俺が3試合のつなぎであることは明らかだ。誰が正式な後任になるのかも知らない。それでも言わせてもらうが、監督をクビにするのは監督じゃない。フランクにも間違いはあったかもしれないが、君たち一人ひとりが個人として、そして集団として、このクラブの現状を生み出してきた結果だ。明らかに、君たち全員が監督解任に関与したんだ。俺の任期は次の3試合だ。その3試合には、まさに今話したとおりの姿勢で臨みたいと思っている。いいな』。その後、基本方針を話してから、解散となった。残り3試合は全勝だったよ」

記録を見ると、サウスメルボルンは1995／96シーズンをたしかに3連勝で締めくくっている。本拠地でのウェスト・アデレード・ヘラス戦と敵地でのブリスベン・ストライカーズ戦に連勝したのち、すでに1月のオーストラリアン・カップ決勝で破っていたニューカッスル・ブレーカーズを本拠地での最終節で下した。ポステコグルーには方々から感謝の言葉が寄せられた。しかし、名門クラブのサウルメルボルンでは、それでも監督候補のトップには立てなかった。フィロプーロスは「これはサウスメルボルンの話だ。オーストラリアにおけるセルティックなんだよ。シーズン終了後に正式な後任監督について取締役会で議論したときは、リストアップできた候補のなかで世間の注目度が一番高い監督を全員が話題にしていた」と振り返った。

ポステコグルーに不利な要素の一つが、当時の取締役会がひどい体たらくで、ろくに機能していなかったことだ。取締役には実質的に物事を動かしている古株のほか、新しい発想を受け入れる姿勢のある若手もいたが、世間の目を引ける監督が必要だとの認識では、おそらく全員が一致していた。言い換えれば、チケットの売り上げにつながる監督を求めていたのである。ポステコグルーのことは、頭に浮かびさえしなかった。

もちろん、ポステコグルーと親しい面々は、彼が監督の座を狙っていることを知っていた。選手生命の終わりを受け入れるのに苦しんでいた姿も、情熱とともに指導者の道に飛び込んだ姿も、その目で見ていたからだ。彼はリバプールの名将ビル・シャンクリーに特に傾倒し、関連文献は読めるだけ読んでいた。さらに、偉業を成し遂げたリーダーたちがどう失敗に向き合ってきたのかも、徹底的に研究していた。サウスメルボルンの練習場以外で活動する機会をできるだけ逃さず、名門校メルボルン・グラマー・スクールでのサッカーの授業も請け合った。そして、国内屈指のビッグクラブのアシスタントコーチよりも、子どもたちのコーチのほうが報酬が高いことをクラブ側に指摘した。サウスメルボルン経営陣も、長期的視野に立てば、ポステコグルーの監督就任もありうると思ってはいた。だが、30歳という若さや、監督経験のなさが疑問視されていたのである。

ヘラスを心のクラブとして育ち、あふれんばかりの知識を蓄えたポステコグルーに賭ける。現会長のニコラス・マイコーシスは、取締役会がついにそう決めたときを振り返り、肩をすくめた。

「監督選びのような問題では、なかなか洗練された判断はできない。たしかに、アンジェは少年時代からサウスメルボルンにいて、情熱があり、どんなときもリーダーシップをとる性格だった。うちの元キャプテンで、監督就任への意欲も強かった。でも、それだけのことだ。実際、それだけだった。アンジェに実績がなかったことは忘れないでほしい。ビッグクラブを指揮するのは初めて。しかも、サウスメルボルンは当時、国内最大のクラブだった。だから、アンジェに任せるという判断は、ちょっとした賭けでもあった。クラブの長い歴史で、おそらく最善の判断になったがね。チームを引き継ぎ、とても特別なものを築き上げてくれた。

取締役会にはアンジェの幼馴染がおそらく5、6人いたが、実際に物事を動かしていたのは一部の古株だった。その古株たちは、アデレード・シティの監督だったゾラン・マティッチを引き抜く案を推していた。本来はアデレード・ユベントスという名前だったクラブだ。ただし、この案には大金が必要で、取締役会の若手は望んでいなかった。結局、マティッチとの交渉が滞るうちに、なんだかんだでアンジェが監督になった」

当然、ポステコグルーの監督就任の経緯はこれだけでは語り尽くせない。謀略や交渉もあれば、信頼を勝ち取る必要もあった。そもそも、現実の監督候補とみなされるだけでも容易ではなかった。当時のサウスメルボルン関連の話題は、次期監督にまたもや外国人を呼ぶのか、大金をはたいてマティッチ獲得に動くのかで持ちきりだったからだ。マティッチは10年近くアデレードを指揮して3回の優勝を果たしており、クラブが招聘に動いていたことは多くの人が覚えていた。

あらゆる人物を俎上《そじょう》に載せるなかでポステコグルーがどれほど構想外だったのか、当時GMだったフィロプーロスが記憶を掘り起こして説明してくれた。「ある日、アンジェが私の執務室に来た。彼のことは称賛も尊敬もしていたが、あのやりとりは当時の経営陣の考え方そのものだった。アンジェから『監督の話はどうなってるんだ？』と尋ねられ、具体的に誰が候補に挙がっているのか、あれこれ無邪気に答えてしまったんだ。自己弁護になるが、まだ24、25歳だったからね。今では笑い話だ。彼が知りたかったのは、ほかの候補者のことなんかじゃないのに。質問の意図がまったくわかっていなかった。それで、アンジェは『なあ、俺が興味を持っているとしたら、どうだ？　俺の名前は挙がっているのか？』と言い直してから部屋を出た。こっちは『なんてこった。そのとおりだ』と思ったよ。アンジェが監督候補だなんて、まったく頭になかった」

自分を友人だと思っている若きGMの脳裏に忍び込んだのは、重要な一歩だった。しかし、たとえ泡沫としてでも取締役会に監督候補として認識されるには、まだ相当の労力が必要だった。しつこいようだが、バーベキューで追加のエビを焼こうとする面々に対して、即興で売り込みのスピーチをすることもあった。

「『うちに若手取締役たちを集め、そこにアンジェを呼ぼう』と考えた。一晩で計画したよ。取締役会には古株と若手がいて、若手にも古株に対抗できる力があった。それなのに、その力を実質的に行使していなかった。だから、彼らを夫婦でバーベキューに招待したんだ。

昔のバーベキューではよく、女性たちが室内に入り、男だけが外に残るタイミングがあった。アンジェには『そのときが来たら、たぶん自分から若手取締役たちに訴えかけたほうがいい。それで反応を見よう。ちょっとした演説をすることになるだろう』と伝えていた。

それで、実際にそうなった。サウスメルボルンの監督の話題になると、『ゾラン・マティッチはどう思う？』とか、誰に打診しているかとか、その場にいた若手取締役全員が話に加わり、ついに誰かがアンジェの意見を聞いた。誰を推すのか、と。アンジェは『みんな立派な監督だ。でも、俺は自分にできると思っている』と返し、どうやってチームを導くか、具体的に何をするつもりかを説明していった。30分くらい喋っていたよ。当時の副会長が考えを変えたのを覚えている。『アンジェ、次の監督は君だ！』ってね」

いまや熟練のスポーツ経営者となったフィロプーロスは、若きポステコグルーが情熱と知識、ビジョンで聴衆を驚かせる姿を思い出し、心から愉快そうに笑った。ポステコグルーの元同僚と話せば話すほど、彼が聴衆を虜にする様子が容易に想像できるようになる。選手であれ、監督仲間であれ、経営陣やサポーターであれ、彼の人間性とメッセージの明快さに魅了された。バーベキューでの演説は若手取締役たちを動かした。サウスメルボルンが潜在力を発揮する妨げとなってきた問題の多くが、元キャプテンを監督に昇格させることで解決する。そう言って、彼らが残りの取締役たちを説得したのだ。ポステコグルーが十分すぎるほどの努力と献身を見せることは、疑いようがなかった。

ポステコグルーがサウスメルボルンの監督を務めた4年間、彼と仕事をした人々に取材すると、話のどこかで必ず〝relentless（徹底的な、絶え間ない）〟という言葉が出てくる。まず、選手たちへの要求は膨大だった。クラブ幹部たちもまた、彼に置いていかれないようにするだけで、それまで以上の努力をしなければならなかった。ポステコグルー自身、1日に17時間働くことも珍しくなかった。クラブ内の競技部門を、ほぼ全面的に変革しようとしていたからだ。彼が掲げる目標は、世界最大級のプロサッカークラブが採用している手法と基準にのっとっていた。バイエルン・ミュンヘンやレアル・マドリードの発想や理想を、サウスメルボルンに取り入れられない理由などない。マンチェスター・ユナイテッドやバルセロナのような資金力がなくとも、彼らを何年もトップクラブたらしめている施策の一部を拝借するだけなら金はかからない。

選手向けに高い水準の行動規約を定め、よりプロフェッショナルな振る舞いを日常のあらゆる面で求める代わりに、彼らには組織内でより価値ある地位が与えられた。たとえば、ほとんど誰でも出入りできたトップチームのロッカールームは、選手の聖域に改められた。中に入りたい〝部外者〟は誰であれ、まずノックをして、招き入れられるのを待つ必要があるということだ。そうした小さな変化から大きな違いが生まれた。こうした事例を見ると、ポステコグルーは新人監督でありながら、自分が一人ではなく、周囲とともに進まなければならないことを心得ていたのだとわかる。選手たちの前に立ち、大声で要求するだけでは、成功はありえない。クラブの姿勢と志を全面的に変革する意義に対し、選手から用具係、GM、全取締役に至るまで、全員から支持を得ることの価値を理解していた。ポステコグルーは監督になって以降、彼の哲学を本気で実践しようとしない選手を淡々とチームから放出し、哲学を受け入れる選手と入れ替えることを繰り返してきた。

ポステコグルーが抱えていた唯一の問題は、どんなに力のある監督でも、自分のやり方に疑問を呈しがちな取締役までは排除できないということだ。1996／97シーズンの序盤、変革の成果がすぐに表われなかったとき、早々に監督を代えたがる取締役は多かった。リーグ戦開幕から7節までの成績が1勝3分3敗となった時点で、ポステコグルーが重圧にさらされていたことは間違いない。スタジアムの関係者席では幹部から不満の声が上がっていた。フィロプーロスは「取締役会にはアンジェをまったく信じない反対派もいた」と認めている。

ポステコグルー降ろしを主張し、解任の口実を探していた取締役は、来たる第8節に期待を膨らませていた。ポステコグルーを支持する取締役たちでさえ、彼が強い確信をもって売り込んだビジョンが結果につながらないことに不安を感じていた。次の対戦相手がマルコーニ・フェアフィールドだったことも、なおさら凶事を予感させた。アロックが完全に支持を失った試合と、同じチームだったからだ。

フィロプーロスは次のように振り返った。

「勝たなければ解任。それが事実だった。だが、うちは勝った。スコアは1対0。アンジェの親友のポール・トリンボリが決めたんだ。きれいなゴールではなかったが、89分の決勝点だった（記録では87分とされているが、すごい出来事を少しばかり脚色して話すことは責められない）。この二人は切っても切れない関係でね。そこから先は、世に知られているとおりだ。振り返ってみると、アンジェ・ポステコグルーのキャリアがあそこで終わっていた可能性もあったと思う」

率直に言って、ポステコグルーが大きな挫折を味わいながら成し遂げてきたことをすべて踏まえれば、彼は初監督が失敗に終わっても情熱を失わず、次のチャンスを見つけてトップレベルに返り咲こうとしただろう。所属クラブがサウスメルボルン以外になるだけだ。逆に、彼なしではサウスメルボルンのリーグ2連覇はなかっただろうし、オセアニア地域王者に輝き、2000年にブラジルで開かれたFIFAクラブ世界選手権の出場権を獲得することも当然なかった。ミドルパークにあるサウスメルボルンの育成チームのメイン練習場「アンジェ・ポステコグルー・フィールド」も存在しなかっただろう。トリンボリの決勝点からチームが安定し、成績も好転したことは、全関係者にとって幸運だった。ポステコグルーに懐疑的な取締役たちでさえ、プレーオフ第1ラウンドに進出したことは、監督1年目として十分な仕事ぶりだと認めざるをえなかった。希望を見失った前シーズンのチームは、もはや影も形もなくなっていた。

もちろん、ポステコグルーはそれで満足しなかった。その後もおだてと要求、説得と指示を駆使し、全員にさらなる努力をさせた。そして、一人ひとりに奮起を促し、新たな高みに押し上げることを自身の日課とした。彼のやり方には「従えないなら去れ」という要素もあったが、程度はわきまえていた。当時の内部関係者の話によれば、アシスタントコーチのカール・ハルフォードはカラーコーンを並べたり、練習後にボールを片づけたりするだけの従順な部下ではなく、常にポステコグルーと意見を交わしていたし、ポステコグルーにもハルフォードの考えを受け入れる姿勢があった。

試合では、人数をかけた攻撃で相手を圧倒することにさらに力を入れた。監督としてのポステコグルーの進歩をあらゆる段階で支えてきた哲学は、すでに明確だった。練習では、ボールを素早く動かすことや、味方同士でポジションを入れ替えながら相手を引きつけ、的確な守備位置をとれなくすること、そうして生まれたスペースを生かすことに主眼を置いていた。

毎回の練習はテンポも質も高く、確実にチャンスを生み出せるプレーを各局面で洗練させることを重視していた。それが試合で必ず再現されたわけではないが、チームが相手守備を崩すチャンスを最大限に高めていた。彼はゲームプランや作戦が成功することに誇りを感じ、監督業の技術的、戦術的な側面を心から楽しみ始めていた。また、自分の指導で選手が成長、向上していく光景に興奮を覚えていた。1998年にカールトン・サッカー・クラブ、1999年にシドニー・ユナイテッドをプレーオフ決勝で下し、優勝を飾ったことも素晴らしい思い出だと認めるだろうが、リーグ連覇よりも指導の成果が出ることに大きな喜びを感じていた。

ポステコグルーはサウスメルボルンを去る前、フィジーでも有名な勝利を飾った。その結果、8万5000人の相手ファンが待ち構えるブラジルのマラカナン・スタジアムへとチームを導き、名門バスコ・ダ・ガマと対戦した。彼がクラブを離れ、育成年代のオーストラリア代表監督となるまでに、サウスメルボルンは国内とオセアニア地域の両方で支配的な地位を確立したのである。

その後、オーストラリアにはプロサッカーリーグのAリーグが発足した。ドル箱市場に新しいクラブが参入するなか、サウスメルボルンを含む〝民族的〟なクラブは全国リーグの舞台から一掃された。マイコーシスは椅子に深く腰掛け、自分たちが置かれた境遇の変化について考えながら、現状を認めた。「このクラブは過去20年、暗黒期にいる。それでもブランドは残り、今でも卓越したクラブと認識されている。20年経っても、多くの人から支持されている。考えてもみてほしい。我々はこの間、一度も国内トップレベルのリーグに参加していないんだ。それなのに、今もこうやって力強く存続し、まだ人々に認知され、全国の舞台に返り咲くことを目指している。アンジェがいた頃の成功が、この状況に大きく貢献しているんだ」

人は皆、いつも正しい理由に基づき正しい判断をするわけではない。最高の成功を収めた偉人たちでさえ、ある程度は運に恵まれたことを認めるだろう。しかし実際、最高に賢い者たちは耐え忍ぶべきとき、そして立ち上がるべきときを習慣的に心得ている。マルコーニ・フェアフィールドの本拠地ボスリー・パークからシドニー空港までのみじめなバス移動の間、ポステコグルーは席に座り、監督やチーム、クラブを裏切る選手たちの態度に黙って憤ることもできた。ひょっとすると、沈黙を守って成り行きに任せるのは簡単なことだったかもしれない。アロックが監督を解任される可能性が高いことは、もはや明らかだった。立場を考えれば、ベテラン選手たちに取り入ることで、自分を自然な後継者に見せようとする選択もありえただろう。しかし、ポステコグルーはまったく違う行動を選んだ。立ち上がったのだ。彼は将来、勝利と挫折をいくつも経験し、大きな飛躍を遂げ、予想外の出来事で袋小路に迷い込んだりしながらも、オーストラリア人監督として真の先駆者となる。それを可能にする資質は、このときに示されていたのである。

運命の一戦

マルコーニ・フェアフィールド（0－1）サウスメルボルン

1996年11月30日
ナショナル・サッカー・リーグ　第8節

ポステコグルーはアシスタントコーチから暫定監督に昇格したのち、正式な監督としてナショナル・サッカー・リーグ（NSL）の1996／97シーズンを迎えた。しかし、開幕から7試合を消化した時点で大きなプレッシャーにさらされていた。ここまでの戦績はわずか1勝。当時の現場にいた人によると、内部関係者ですら監督人事の成否に疑念を抱いていた。彼は偉大なキャプテンではあったが指導者としては若く未熟であり、膨大な責任と注目がつきまとうサウスメルボルンの監督に据えたのは、失敗だったのではないか、と。

最下位との勝ち点差は3ポイントしかなかった。しかも、次の試合が行われるのはフェアフィールド。ほんの数カ月前、前任のフランク・アロックが運命を閉ざされ、解任の憂き目にあったのとまったく同じ場所だ。絶対に勝利が必要な戦い。そう言って差し支えなかった。ポステコグルーでさえ、自分が解任の瀬戸際にいることは明白だったと述べたことがある。

迎えた8試合目、親友のポール・トリンボリが87分に決めた決勝点は美しいゴールではなかったが、新人監督の命をつなぐ勝利をもたらし、周囲の雑音を鎮めるには十分だった。チームは3位まで順位を上げてこのシーズンを終え、翌シーズンと翌々シーズンに連覇を達成する。ひょっとすると、フェアフィールドでの結果がどうあれ、その後の展開はまったく同じになっていたかもしれない。たとえ負けても取締役会が自制し、本物のビジョンを持つ若い指揮官を留任させたかもしれない。しかし、サッカーの世界では物事が風に舞う羽毛のように翻る。ここで勝利を逃せば、ポステコグルーにとって初めての監督挑戦が短期間で終わることも十分にありえたのである。

第5章 世界に挑む

カエルの大群が発生したフィジーのピッチに、ブラジル人の小便のシャワー。どちらもサッカー指導教本では想定していない状況だろう。しかし、サッカー監督として世界の舞台に名乗りを上げようとするのなら、途中で一つや二つ、不愉快なサプライズに出くわすことは覚悟しておく必要がある。そして、アンジェ・ポステコグルーはどちらの難局も見事に切り抜けた。ヨーロッパで新たな〝危機〟に直面しても、しばしば動じていないように見えるのは、そういう人だからかもしれない。これだけでは、何を言っているのか伝わらないだろう。順を追って説明させてほしい。

ポステコグルーは1999年、フィジーのナディとラウトカで開催されたオセアニア・クラブ選手権［訳注：現在のOFCチャンピオンズリーグ］でサウスメルボルンFCを優勝に導いた。国内リーグ2連覇に続く快挙により、少なくともオーストラリアのサッカー監督としては最高到達点に立ったことになる。さらに、ニュージーランドやサモア、米領サモア、ソロモン諸島、タヒチ、トンガ、バヌアツ、フィジーの王者たちに打ち勝ち、オセアニア王座に就いたことで、一生に一度しかないようなチャンスがもたらされた。2000年1月にブラジルで開催されるFIFAクラブ世界選手権第1回大会に招かれたのだ。この大会は、さまざまな理由で人々の記憶に残っている。その最たるものが、マンチェスター・ユナイテッドをめぐる騒動だ。大会出場のためイングランド伝統のFAカップを欠場することが認められ、大論争が巻き起こったのである。この問題はイギリス議会下院の質問でも取り上げられた。また、世界最古のトーナメントであるFAカップを前年王者が軽視しているとみなされ、スタジアムの観客席から抗議の声が上がった。さらには、2006年ワールドカップの開催地決定での票固めを狙い、政治家が手段を選ばず介入した、との批判もあった。いずれにせよ、ワールドカップ招致には失敗し続けているのだが。

開催地のリオデジャネイロとサンパウロで大会を取材できた運のいい記者たちは、多くの論争だけでなく、奇妙なスキャンダルまで覚えている。マンチェスター・ユナイテッドは前シーズンにイングランド・プレミアリーグとFAカップ、UEFAチャンピオンズリーグの三冠を達成したばかりだったが、ブラジルでは到着した瞬間から険悪な雰囲気だった。気難し屋で有名なサー・アレックス・ファーガソンが、厳格に出席を義務づけられた公式記者会見を除き、メディアとの接触を完全に遮断したのだ。締め出された報道陣はネタを集めるため、ほかの取材先を探し求めた。たとえば、イングランドの傲慢なクラブを批判したがるブラジルのレジェンドがいれば、その言葉を大喜びで報道した。私の記憶が正しければ、地元の偉人たちはデービッド・ベッカムを好んで非難していた。もちろん、対戦相手という取材先にありついた一部の記者は、代わりのインタビュー対象に事欠かなかった。とはいえ、当時のポステコグルーの知名度は「なんて名前だったか。オーストラリアのクラブで監督をしているアンジ……なんとかかんとか。彼は準備万端みたいだ。なんだか自信もありそうじゃないか?」という程度だった。

この章では、私がイパネマビーチを見渡すメディアセンターで彼と交わした会話について、情熱的に描写したりはしない。逸話を紹介して「つまるところ、彼は……」などと結論を述べたりもしない。申し訳ないが、ご期待には添えないということだ。彼の話も、私を含む記者団の質問も、本当に思い出せない。正直言って、サウスメルボルンの若き指揮官のことを私は一切覚えていないのだ。彼らは物語の端役であり、名門相手に大したことはできないと思われていた。

サウスメルボルンはヨーロッパ王者のマンチェスター・ユナイテッドや、メキシコから来た北中米カリブ海王者のネカサ、南米選手権を制したバスコ・ダ・ガマと同じグループBに入り、下馬評どおり最下位で大会を終えた。しかし、彼らは十分に健闘したというのが大方の見解だ。なにしろ、パートタイム選手のチームが6日間で3試合をこなすよう求められ、そのすべてを有名なマラカナン・スタジアムでプレーしなければならなかったのだから。この大会はサウスメルボルン関係者全員にとって印象的な経験だった。そしてそれは、怒声のなかでキックオフを迎えるより前、バスコ・ダ・ガマのファンから温かい歓迎、というより温かく湿った歓迎を受けたときから始まっていた。

サウスメルボルン現会長のニコラス・マイコーシスは当時、若手の取締役として監督を支える立場にあった。不慣れな環境での新設の大会で厄介ごとがあれば、監督がそれを切り抜けられるよう助ける役回りだ。彼は笑いを堪えきれない様子で振り返った。「フラメンゴの施設まで連れていかれたのを覚えている。たしか、練習会場だったんだ。警護についた警察のバイク隊が通りを封鎖して、バスはすんなり進んでいった。その先がすごかった。おそらく、あれが一番の大事件だ。昔も今もサッカーが人気ナンバーワンではないオーストラリアみたいな国から来て、移動先でスタンドから小便をかけられるなんて。傘を差さなければ、チームバスを降りられなかった。そう、カップに小便を入れて、放り投げてくるんだ。ただバスを降りようとするだけで、すごい罵声も浴びせられた。ベストゲームを選ぶとなれば、答えは一人ひとり違うだろう。私にとっては、アンジェの下で初めてリーグ優勝したときのプレーオフ決勝が非常に特別な試合だ。しかし、あのバスコ・ダ・ガマ戦ものすごく大きかった。たとえ小便入りのカップを投げられてもね。ものすごい試合だった」

ここで正直に言わせてもらうが、私にはマイコーシスの話があまり楽しそうに聞こえない。むしろ拷問に聞こえる。拷問でなければ、バスコ・ダ・ガマの本拠地に乗り込んだ相手を怖気づかせるための戦術だろう。当時のバスコ・ダ・ガマの攻撃陣にはエジムンドやロマーリオがいたが、それだけでは脅しが足りないと言わんばかりだ。

世界大会におけるサウスメルボルンは無垢な赤子も同然だった——というのは少し誇張した表現だ。しかし、セミプロの遠征隊が南米特有の混沌とした試合日程に慣れるのに、やや時間を要したことは間違いない。この大会は輪をかけた混乱ぶりで、率直に言って、主催者が行き当たりばったりに運営しているかのようだった。きちんと決まっていたことは一つもない。タイムテーブルは目安にすぎず、直前の計画変更は必然ととらえられていた。日程表やハンドブック、最新の公式発表は当てにならず、どのチームがどこにいるのか把握するだけのことが至難の業だった。

マイコーシスはいかにもブラジル流の大会運営に順応するのに苦労したことを強調しよう

と、楽しそうに話を続けた。プラランやサウスヤラ、リッチモンドといった地区やその周辺で育ち、いきなり異質な環境に連れてこられた選手たちは、ブラジルでは世間知らずの集まりだったと笑っていた。

「初めてのバスコとの遭遇は……今思えばいい経験だ。私たちが練習していたフラメンゴには、マンUなどのビッグクラブを取材できない記者たちが勢ぞろいしていてね。おかげで、FIFAのメディア担当者だったピーターがいつも近くにいた。ある日、そのピーターから『今夜のバスコの練習試合、もちろん見るんだよね？　彼ら、練習試合をするだろう？』と聞かれた。私は『もちろん見るさ……ごめんちょっと用事が』と言ってその場を離れ、アンジェのところに走った。『今夜、練習試合を見にいくぞ』と伝えるためだ。つまり、何も知らなかったんだよ。

バスコの対戦相手はアルジェリアのオリンピック代表チームだったはずだ。大会中はFIFAが車と運転手を用意してくれていたから、それで会場に向かった。面子は、アンジェと私と取締役数人だった。練習試合なのに観客が3〜4万人いたよ。

何を目にすることになるのか想像しながら、うちとバスコの試合だって、どっちに転ぶかわからないなんて夢を見る。で、そのバスコがアルジェリアのオリンピック代表をぼろぼろにする。たしか、現役を含むブラジル代表経験者が6〜7人いたからね。それを見て、自分たちもひどい恥をかくかもしれないと本気で思った。正直、あの晩はそんな考えで頭がいっぱいだった。試合から逃げたりはしなかったがね」

サウスメルボルンの取締役はポステコグルーと事前に大会の見通しを話し合っていた。その大半が、バスコ・ダ・ガマとの第1戦、ネカサとの第2戦、マンチェスター・ユナイテッドに挑む第3戦のうち、ネカサ戦の結果を重視するだろうと思っていた。しかし実際は、バスコ・ダ・ガマ戦をベストメンバーで勝ちにいって0対2で敗れ、同様に勝ちにいったネカサ戦も1対3で落とし、疲れをためた最終戦はファーガソン率いる三冠軍団に0対2で屈した。どんな試合であれ、彼が攻撃を放棄して引き分けを狙うわけがなかった。彼の流儀には、そういう戦い方は存在しなかった。敵地でレアル・マドリードに勝とうとするセルティックを見たかつての同僚たちは、ただ首を振りながら「ああ、俺たちのアンジェだ」と漏らしたそうだ。

ＦＩＦＡクラブ世界選手権の開幕前、サウスメルボルンは大会出場クラブにあまりふさわしくないとの見方が一般的だった。フルタイムのプロサッカーリーグが存続できないような国は、卓越したクラブ同士が競い合うべき大会とは関係ないという声もあった。最も強いクラブと最も弱いクラブの実力差を考え、恥ずかしいほどの得点差がつくことを恐れる人もいただろう。しかし、ポステコグルーは選手や経営陣のなかに、自分たちにだって名だたるクラブと交わる価値がある、という自信を育んだ。それに彼自身、ファーガソンをはじめとする真のレジェンドに知恵比べを挑む機会を、一人の監督として心から欲していた。

グループリーグの組み合わせ抽選前、サウスメルボルンは最強のマンチェスター・ユナイテッドと当たらないよう願うべきだ、との声があったが、ポステコグルーはそんな馬鹿げた話に取り合わなかった。公言こそしないものの、そう思っている者はクラブの周囲に多かった。しかし、当の本人はまったく違う見方をしていたのである。彼はトップ中のトップとの対戦を望みながらブラジルに飛んだ。そして、マラカナンでチームを指揮するチャンスを願っていた。当時のマラカナンは2014年ワールドカップに向けて改修される何年も前で、前時代的な古びたスタジアムだった。だからこそ、ヨーロッパの選手をはじめ、選手たちが慣れ親しんだ現代的な競技場にはない趣があった。その場に刻まれた歴史は、立ち見席のひび割れの一本一本、座席まで続く階段の一段一段に感じることができた。ポステコグルーの世代は史上最も偉大と称されるブラジル代表を目にするには若すぎたが、ペレやジェルソン、リベリーノといった選手の逸話を聞きながら育っていた。伝説の選手たちの魂が宿り、かつて10万人超えの観客が日常だったスタジアムに立つことには、あらゆる快適性の欠落を補って余りある興奮があった。

キックオフ2時間前からスタンドに詰めかけたブラジルの観衆が生み出す混沌と美。それが可能だという理由だけで守備陣を痛めつけるエジムンド。歴史的瞬間にふさわしく渾然一体となった色彩と歓声、そして目を見張る才能。そのすべての只中で、ポステコグルーはある種の均衡を保たなければならなかった。そして、選手の気持ちを整えるすべを見いださなければならなかった。彼はあちこちで選手に言葉をかけ、わかりやすいゲームプランを授けた。そのプランなら、オーストラリアサッカー界のベストを世界の観衆に見せられる可能性がある。少なくとも本人は、そう感じていた。観衆がどれだけ真剣に見ているかなど、気にしなかった。

マイコーシスは次のように大会を振り返っている。

「今思えばすごく楽しかったが、クラブ側からしたら未知の領域だ。開幕前には大勢の外国人記者が取材に来た。うちのストライカーのジョン・アナスタシアディスは近所にあるガソリンスタンドのオーナーだったから、面白おかしく書こうとしたんだろう。偉大なマンチェスター・ユナイテッドに挑む給油係がいるぞ、と。でも、アンジェのチームは素晴らしかった。チーム全員のことが誇らしかったよ。

アンジェはまったく違う見方をしていたと思う。彼にとって、世界最大級のクラブとの対戦はでかいチャンスだ。うちはほぼ全員がオーストラリア生まれだった。いい選手も多かったが、セミプロでやっていたから、間合いを詰めるスピードやタックルなど、そういうこと全部が問題だった。だから、想像するに、難問が待っていることをアンジェはよくわかっていたはずだ。それでも目を逸らさず、試練を乗り越えたがっていた」

そもそも、サウスメルボルンの最終目標はFIFAクラブ世界選手権の第1回大会に出場することであり、それを達成できたのはオセアニア・クラブ選手権で優勝したからだ。そして、こちらの大会は名誉や対戦相手、あるいは設備の面で、この上なく地味な舞台だった。開催地はフィジー。ラグビーが盛んなあまり、それ以外のスポーツにほとんど関心が向けられない国だ。大会方式は、9クラブが3グループに分かれ、それぞれの首位と最も成績のよかった2位チームが準決勝に進出するというものだった。サウスメルボルンはソロモン諸島王者のマライタ・イーグルスとの初戦を逆転で制したあと、米領サモアのコニカ・マシーンを10対0の無失点で下し、ベスト4入りを決めた。その後、タヒチ・リーグアン王者ベニュスとの準決勝を3対0で突破すると、命運を賭けた決勝戦の相手はフィジーの人気チーム、ナディに決まった。プリンス・チャールズ・パークでの対戦は、地元のナディに有利とみられていた。

チーム内にはこの大会を軽くとらえる者も少しはいたかもしれないが、ポステコグルーは周到に準備を整えていた。長い時間をかけ、各試合に完璧なゲームプランを用意していたとの証言もある。ほとんどの人が寝ている時間、試合で生じうる問題について考え込む姿もしばしば目撃されていた。それでもなお、決勝戦の会場では、彼が想像だにしなかった問題がサウスメルボルンを待ち受けていた。

「ピッチがカエルで埋め尽くされていたんだ」。マイコーシスはシュールそのものの光景を思い出し、笑っていた。

「そう、カエルだよ。フィジーからマラカナンへ、極端な場所から極端な場所へと進んだわけだ。オセアニア・クラブ選手権は面白かったが、開催地はオーストラリアと比べても本物のサッカー後進国だった。

1試合目を落としかけたのを覚えている。ショックだったよ。それを2対1の逆転勝ちにした。あれは大きかったね。何より、ブラジル行きが決まったことで380万ドルの賞金が入った。取締役会には古株が何人か残っていたと言っただろう？　当時の会長がタッチライン際を走り回っていたよ。試合中にあった本当の話だ。負けそうだったからね。ただし、私たちは実際の金額を知らなかったはずだ。70万ドルか80万ドルだと聞いていたと思う。それが380万ドルとなると、大違いだった。おそらく、会長も実際の金額は知らないまま、タッチライン際を行ったり来たりしていたんだろう。

でも、あの大会はクラブの全員にとって本当に特別な思い出になったと思う。滞在地はリゾート開発が完了してから50年ほどだったはずだ。小さなミーティングルームが一つと、娯楽室もあった。ABBAの『ダンシング・クイーン』に合わせて踊ったことだけ覚えている。ジュークボックスに入っていたんだ。そういう時代だったからね。iPhoneなんてなかった」

ダンスだろうと、ジャイブだろうと、盛り上がるのは当然だ。彼らは人生最良の時間を楽しんでいた。盛り上がらないわけがない。サウスメルボルンが成し遂げたことは、クラブだけでなくオーストラリアサッカー全体にとって大きな飛躍だったのだから。彼らは、34歳になったばかりの監督が率いるパートタイム選手の集まりだった。何より重要だったのは、サッカーがすべてであり、現在地であり、今であり、永遠でもある国で世界に挑戦するチャンスを、その手で勝ち取ったことだ。何が起ころうと、彼らの盛り上がりに水を差すことはできなかった。初めてマラカナンに行くなら傘とカッパと長靴が必要だと助言されても、耳に入りはしなかっただろう。

運命の一戦

セルティック（0－3）レアル・マドリード
2022年9月6日
チャンピオンズリーグ・グループリーグ　第1試合

　幼い頃、真夜中のメルボルンで目を覚まし、ヨーロッパでの大一番を観戦していたポステコグルーにとって、これは夢にまで見た出来事だった。いやむしろ、人生をかけた志を果たした瞬間と言うべきだろう。その志は、父親との絆を育んだ大切な時間から生まれたものだった。

　父ジムは厳しく無口なことで有名だったが、未明の試合を見ているときは興奮し、生き生きしていた。アンジェ少年はその姿を目にしながら、この夜が自分たち親子だけのものであるかのように感じていた。そして、こうも人を変える影響力がある営みに、自分も加わりたいと思った。どんなに時間がかかろうと、どんな障害に阻まれようと、いつかたどり着こう、と。

ポステコグルーは子どもの頃、1970年代の偉大なリバプールに心を捧げた。その忠誠は何があっても揺るがなかったが、〝ロスブロンコス（白い巨人）〟ことレアル・マドリードにも特別な感情を抱いていたに違いない。サウスメルボルンの主将として、レアルの伝説的英雄フェレンツ・プスカシュの指導を受けていたからだ。その彼が、セルティック指揮官として迎えた自身初のチャンピオンズリーグで、前年王者だったレアルと対戦することになった。最初の顔合わせはグループF第1試合、場所はセルティックの本拠地グラスゴーだった。運命を感じるめぐり合わせである。

セルティックは敗れたが、主力選手を数人欠きながらポステコグルー体制で最高と呼びうるプレーを見せた。得点こそなかったものの、攻撃サッカーをスリルたっぷりに表現し、3回の決定機を生み出したのだ。結局のところ、レアルが質の高さを見せつけたわけだが、注目すべきはそこではなかった。

ポステコグルーはレアルとの2試合を特別な思い出に挙げている。

「白いユニフォームを着たレアル・マドリードがそこにいる。相手側のテクニカルエリアにカルロ・アンチェロッティがいて、自分はセルティックを指揮している。あの場に立ちながら確信していたんだが、もし自分がそこにいなかったら、夜中に起きて試合を見ていただろう。ところが、自分はその試合の真っ只中にいた。しかも今、この歳になって。感謝したよ」

特にホームでの対戦については、次のように振り返っている。

「セルティックファンはサッカー通だ。自分たちのチームを応援していたのは確かだが、ルカ・モドリッチが途中交代するときには拍手を送っていた。すごい選手だと知っているからだ。その彼らが0対3で負けても拍手してくれたのは、あの試合のすごさが伝わったからだ。

私が監督になったとき、セルティックを知っている多くの人や、サッカー界のトップレベルで仕事したことがある人から『ヨーロッパの大会のときのセルティックパークは格別だ。どんなに経験豊かな人でも見たことのない光景が広がっている』と言われた。あの晩、あの場にいて、その言葉の意味がわかった」

第6章
荒野を彷徨う

メルボルン都市圏の緑豊かで暮らしやすい郊外にある町、タリホー。地元ボーイスカウト・ガールスカウト団体が運営する会館の裏手に、目立たない建物がある。ヌナワディン・シティFCのクラブハウスだ。ここに有名な壁画があるのをご存知だろうか。すでにお聞きおよびなら、この典型的な町クラブのファンがアンジェ・ポステコグルーをいかに敬愛しているかもご存知だろう。ヨハン・クライフとペップ・グアルディオラというサッカー史上屈指の影響力を誇る名将と並んで描かれ、永遠に称えられる存在となったポステコグルーの絵を見る限り、このファンたちが彼を称賛していることは間違いない。

発注者によれば壁画制作の意図は大いに誤解されているのだが、その背景にある物語には、作品自体に劣らない魅力が詰まっている。ポステコグルーは監督人生で最も苛立ちを募らせていた期間、自分はサッカーという競技に見限られたのではないかと疑いながら、情熱を支えにサッカー界にとどまった。さらに、自らの言動すべてに質と献身性を込め、11歳の子どもを指導するには彼はレベルが高すぎるとか、大物すぎるとか、先進的すぎるなどという発想を一蹴した。この物語には、そういうものが表現されている。

ヤングサッカルーズの監督を降板した2007年の経験は、ポステコグルーを壊しかねない挫折だった。当時を振り返ると、その人生やキャリアの分岐点が見えてくる。彼はすでにサッカーの選手、そして指導者として四半世紀を過ごしていた。さらに、退任後も相次ぐ不運に見舞われた。それでもなお、しばらくサッカーから離れ、単純に休息をとることを選ばなかったところには、ただの情熱を大きく超えた何かが表れている。アンジェ・ポステコグルーという監督は、この時点で優勝経験を重ねた進歩的な戦術家だった。未来を見通す先見性の持ち主でもあった。そして、オーストラリアスポーツ界が世界に輩出した逸材として、類まれな称賛を浴びる運命にあった。2009年まで2年間の出来事は、そんな彼の経歴に間違いなく厚みを加えている。

ポステコグルーはまず、生国ギリシャの下部リーグで短期間だけ監督を務めた。招聘に応じたのは、人生経験が豊かになるのを期待したからだ。望みどおりというべきか、不払いが4カ月続いた給料をユーロ札の現金で支払わせ、ポケットに詰めて空港に走るという幕切れを経験した。希少な経験という意味では、帰国後に指揮したメルボルンのホイットルシー・ゼブラズで降格も味わった。ビクトリア州プレミアリーグを戦っていた、ローカルチームである。監督として成功を重ねてきたポステコグルーの履歴書において、この部分はさほど目立たない。そして、さほど注目されない経歴という意味では、町クラブにすぎないヌナワディンでの仕事もそうだ。ここで依頼されたのは、〝アンジェボール〟の原則を土台に育成年代向けの練習計画をつくることだった。実際に試合を見た人々にとって、ポステコグルーのサッカーの原則は常識となっていたのである。彼が仕事を引き受けたことは、クラブにとって喜びだった。

取材に応じてくれた人のほとんどが、この雌伏の時期に言及したがった。元サッカー選手の解説者、クレイグ・フォスターとの不名誉なインタビューがテレビ中継されたあと、ポステコグルーはトップレベルを離れ、力量を疑われながらも懸命に働き続けた。このインタビューの映像は今もユーチューブで閲覧できる。かいつまんでいうと、二人はU20ワールドカップ出場を逃したオーストラリア代表チームについて議論した。監督だったポステコグルーは話が進むにつれて怒気を強め、フォスターはそんな彼を八つ裂きにするかのように糾弾した。イングランドでは1974年、ブライアン・クラフとドン・リービー［訳注：どちらもリーズ・ユナイテッドの元監督。13年間監督を務めたリービーが1974年に退任し、クラフが後任に就いたが、成績不振のため1カ月半で解任された」がトーク番組で言い争ったが、それと少し似た状況だ。ただし、嫌悪と敵意はフォスターとポステコグルーの論争が上回っていた。責任や失策、さらには罪を認めさせようと責め立てるフォスターに対し、解任が既定路線となっていたポステコグルーは気色ばんだ。

この論争は不快なだけでは済まなかった。ポステコグルーは当時を振り返り、互いの無遠慮な物言いが物議を醸したことで、オーストラリアサッカー界で仕事を得ることが極めて難しくなったと率直に認めている。

「仕事の打診が1件あったんだが、クラブのオーナーがインタビューを見ていないだけだった。映像を確認してから話を引っ込められたよ。『だめだ、こんなのうちの監督にはできない』という感じだろう。インタビューの直後は誰もがあの話をしたがった。『俺はずっとこれで判断されるのか？』と思ったよ」

当時の過酷さを知りたければ、ポステコグルーの妻ジョージアの視点が参考になる。彼女は「電話の声があんなにイライラしているのは、初めてだった。自分の描かれ方やインタビューの見え方にすごく怒っていたし、不安がっていた」と認めている。

オーストラリアサッカー連盟（FFA）によるサポートが到底十分でなかったことは、今では広く認識されている。ポステコグルーは手頃なスケープゴートだった。国内最高の若手選手たちがトップチームでの公式戦の出場経験を絶望的に欠いていたことについて、制度的な欠陥の責任を押しつけられたのである。

もう一つ真実を言えば、ポステコグルーはそれ以前から、オーストラリアサッカーを絶えず蝕んできた内向きさや自信のなさにうんざりしていた。かつては誰も想像しなかったが、オーストラリア人には自らの文化を卑下する〝カルチュラル・クリンジ〟という傾向がある。連盟もまた、口先ばかりで本気で高みを目指していなかった。ポステコグルーはそういう姿勢に飽き飽きしていたのである。もとより、彼には環境を変える必要があったということだ。ただし、あの論争により、新たな可能性を探ることがいらぬほど難しくなった。

のちに本人が「混沌のギリシャサッカー」と呼ぶ世界を味わうチャンスが訪れたのは、ビクトリア州サッカー連盟の〝エリート・コンサルタント〟なる仕事で時間を潰しながら、解説者の世界を垣間見ていた頃だった。オーストラリアを拠点とするコン・マクリスという実業家から、ギリシャのパナハイキFCの監督に誘われたのだ。いくつか困難を抱えていたが、パナハイキは西ギリシャの港湾都市パトラが誇る唯一のサッカークラブであり、ポステコグルーにとっては幼少期の憧れのクラブでもあった。当時の彼は成功を夢見ながら、ヨーロッパで人生を変えるチャンスを待っていた。ギリシャ3部リーグから2部リーグへの昇格を目指すクラブへの誘いは、理想的とまでは言えずとも十分に魅力的だった。祖国に戻り、ギリシャ語への理解を深め、オーストラリアでの移民人生に大きく影響したギリシャ文化に浸る機会となる点にも、魅力を感じていた。

パナハイキの監督に就任したのは2008年3月で、退任はシーズンをまたいだ同年12月だった。クラブで過ごした短い時間や、そこで得た学びについて語るとき、ポステコグルーは本当に愛着を感じている様子を見せる。地元の聖職者がメンバー選びにケチをつけてきたのは驚きだったが、サッカーのレベルはいくつかアイデアを試すのに十分な水準にあり、当時の実験の成果は今でも役立っている。ポステコグルーはギリシャでの仕事に飛びついた理由について、国内で雇い主を見つけることが実質的に不可能だったからだと率直に語っている。一方、当時の選択は後悔していない。頃合いを逃さずクラブを去れたことも、そう言える大きな要因だ。不安定さが常態化し、金銭的な損失が許容範囲のリスクとされがちなギリシャリーグで働きながら、彼は大きな打撃を避けることができた。

ピーター・クラモフスキーは長くポステコグルーのアシスタントコーチを務め、パトラにも同行していた。クラモフスキーはギリシャでの日々について、いやな思い出よりも、いい思い出のほうが圧倒的に多いと語る。その一方、ポステコグルーが最後にうまく立ち回ったからこそ、そう言えるのだろうと認めてもいる。初めて開幕からチームを指揮したシーズンにクラブのオーナーが交代すると、彼は出口戦略を賢く実行に移した。残された経営陣は、新たな難題を抱えることになったわけだ。また、ポステコグルーたちは未払い金を全額支払わせることにも成功した。これはギリシャサッカー界では決して普通のことではない。仮に交渉が失敗に終わっていたら、ギリシャでの日々を振り返るときに見せる彼の愛着は、違ったものになっていた可能性もある。

クラモフスキーは「素晴らしい時間で、本当に楽しかった」と語っている。

「私たちがヨーロッパサッカーを味わうのは、あれが初めてでした。誇りあるクラブで、わずかでも素晴らしい経験ができました。シーズン途中のオーナー交代のせいで、予定より早く終わってしまいましたが。あれには、ギリシャ人を含めて誰もが驚いたと思います。当時は3部リーグの首位にいました。ひょっとすると僅差の2位だったかもしれませんが、とにかく順調でした。昇格も話題に上っていたし、妥当な目標だったんです。昇格して、そのまま前進を続けるという長期的な展望がありました。

でも、シーズンが進むうち、スタッフや選手に給料が支払われない期間が少し出てきた。ただ遅配が連続したのではなく、未払いが続いていた。3～4カ月だったと思いますが、スタッフも選手も給料を受け取れていなかった。影響は広がっていました。ご想像どおり、サッカー選手を含め、ギリシャ社会ではその日暮らしが普通でしたから。驚いたのは、アンジェがチームの結束を守ったことです。アンジェはギリシャ語が話せましたし、私もできるだけ言葉を勉強しました。それでも、給料が支払われない状況で全員の支持を集め、全員を同じ方向に進ませ、素晴らしいサッカーと本物の団結心を生み出し、選手やスタッフの結束を維持し、チーム周辺の混乱を防ぐ様子は、真のリーダーでした。本当に素晴らしかった」

しかし、それほど前向きな雰囲気をもってしても問題は覆い隠せず、前出のマクリスはアレクシス・コーギアスにクラブを売却した。手続きの完了は2009年初めまでずれ込んだが、ポステコグルーは買収交渉が進んでいた段階で見切りをつけ、損失を抑えることを決めていた。ただし、実際にクラブを去るのは、新会長を締め上げて未払い金を回収してからだった。

クラモフスキーは説明を続けた。

「シーズンの途中で新オーナーがやってくると、アンジェに『残るか辞めるか、どっちがいい?』と聞かれました。それで『あなたが残るなら残るし、あなたが辞めるなら辞めます。私には何もわからないから、むしろ簡単な判断です。任せますよ』と答えたんです。

結局、アンジェが『わかった。辞めよう』と。結果を見れば、正しい判断でした。当時、クラブ周辺はもう混沌としていましたから。日曜に最後の試合があって、それが終わるまでは選手たちに何も言いませんでした。何人かは、私たちが出ていくのに勘づいていましたが。試合は0対0のまま進み、残り10分で2点取って勝ちました。アンジェのサッカーではよくあることです。それで、勝者として選手たちとロッカールームに戻り、アンジェが遅れて入ってきて、ドアを閉めてから辞めると伝えた。それから彼は記者会見に出て、辞任を発表した。そういうわけで、新オーナーが出てきて、また記者会見をする羽目になりました。記者たちはアンジェが辞める理由を尋ねますが、オーナーは状況をまったく把握していない。アンジェは本当に見事に、賢くやり遂げたんです」

クラモフスキーは笑いながら、ポステコグルーの行動の巧みさを説明した。「まず、アンジェは選手全員が丁重に扱われるよう取り計らいました。それに、未払いの給料がきちんと私たちの懐に入るようにした。実際、私たちがクラブを去るとき、ポケットには現ナマのユーロが入っていましたから。だから、あれは……(笑)。アンジェがそういう段取りをつけていて、計画どおりだったんです。面白い帰国の旅でした」

情景が想像できるのではないだろうか。新オーナーに冷たい視線を向け、小切手での支払いを抜け目なく拒絶するポステコグルー。哀れな新オーナーを最寄りの銀行に強制連行し、その場で引き出させた数千ユーロを帰国便の手荷物に詰め込む――ことはなかったが、そうしなかったのがむしろ不思議なくらいだ。彼はあらゆる仕事の最重要原則を適用していた。どれだけやりがいを感じようと、それはそれ。仕事は仕事。報酬は絶対に払わせなければならない。特にこのときは、次の仕事の当てがなかったのだから。

ポステコグルーは帰国後、ホイットルシー・ゼブラズというセミプロクラブでパートタイムの仕事を見つけた。ゼブラズはかつて、ブランズウィック・ユベントスと名乗っていた。全国リーグから一斉に排除され、Aリーグの新規参入クラブに席を譲った〝民族的クラブ〟の一つだ。彼はゼブラズを「工場の製造現場」や「食物連鎖の最下層」にたとえながら、ここで貴重な経験をしたと振り返っている。ゼブラズについては、問題山積みのクラブだったと言っていいだろう。実際、ポステコグルーの下で降格したが、当時の内部関係者たちは監督の能力や努力が足りなかったからではないと強調している。

ここまで一連の出来事が起こる間、ポステコグルーはもっと自分の望みに近い仕事にとりかかっていた。自分自身の長男を含め、子どもたちに適切なサッカーの基礎を身につけさせたいと思っていたのだ。ここで、ヌナワディン・シティが物語に登場する。というよりも、ニック・ディミトラキスという登場人物が嵐のような勢いで物語に突っ込んでくる。サウスヤラ地区やプララン地区からトラムと徒歩で1時間、フォレストヒル地区にあるマホーニーズ・リザーブ緑地のホームグラウンドまでわざわざ出向く人がいれば、ディミトラキスはすかさず好意と愛情を振り撒き、高い志を伝染させる。

美しいマホーニーズ・リザーブの目玉は、完璧に整った芝生のグラウンドだ。金網に囲われたピッチを見ると、ゴールライン上の大人用ゴールのほか、タッチライン脇に小学生用の小さめのゴールもある。ビクトリア州のセミプロリーグ〝ナショナル・プレミアリーグ・ビクトリア3〟に所属する成人男子の部とまったく同じように、育成年代を重視していることが窺える。タッチラインに沿った急傾斜の立ち見席の上にクラブハウスが置かれ、真新しい照明灯がグランド全体を見渡すように立っているところは、イングランドのアマチュアリーグやスコットランドの育成年代で使う小さめのグラウンドのようだ。駐車場の奥には、地元クリケットクラブと共同所有している地区会館もある。楕円形のクリケットコートには、昔ながらの手書きのスコアボード。クリケットコートは2面あり、もう片方はサッカーゴールの裏、立ち並んだ木々の向こうに位置している。会館は平日午前にはさまざまな地元団体が利用しており、外の張り紙によると、卓球とバドミントンのチームの本拠地にもなっている。ディミトラキスと会う約束をした日、トイレを借りに会館に入ったときは、マットと椅子を片づけているインドア・ローンボウルズ［訳注：芝生の上でジャックと呼ばれる目標球に重心がずれたボウルを転がして近づける、イギリス発祥のスポーツ］同好会の方々（平均年齢を推測することは、失礼かもしれないので自粛しておく）に場所を聞いた。建物の外では、配電盤の金属容器のスプレー落書きを役所の職員が1分ほどで消していた。どこの地域にもいる非行気味の若者の勲章だ。まとめれば、ここフォレストヒル地区では、郊外らしい静かで豊かな暮らしが営まれているということだ。

しかし、その静かな雰囲気は「やあ、ジョンですね⁉　はじめまして！」という元気そのものの挨拶で一変する。ディミトラキスの登場である。本題に入る前から、この勢いだ。彼にはポステコグルーが示した選手育成の指針となるビジョンと、それがクラブに及ぼした影響を尋ねたが、どちらもお気に入りの話題だった。

ディミトラキスは猛スピードで話し始めた。

「ここメルボルンには〝Vエリート（ビクトリア州サッカー連盟の選手育成事業）〟というプログラムがあって、グレッグ・マンゴニスという仲のいい友人がアンジェと一緒にコーチをしていたんです。うちは当時、資金難だった。それで、うちのテクニカルディレクターでもあるグレッグから『アンジェこそ、お前が探している指導者だ。俺につくれと言っている育成プログラムがあるだろう？ まさにぴったりだ』と提案されました。それで、Vエリートの練習会に行きました。正直言って、その場に5分もいなかったかもしれない。練習のセッティングも内容も初めて見るもので、すぐに『これだ！』と思ったんです。サッカーに新たな変革が起きていて、そこに参加していない私は何も知らなかった。でも、自分の息子には参加してほしかった。それに、アンジェが自分の子どものジェームズをプログラムに連れてきていたことも、うちにとっては都合が良かった」

ディミトラキスは続けた。

「当時、アンジェに職がないのがちょっと信じられませんでした。サウスメルボルン時代の実績のすごさは、何も変わっていなかったからです。ヤングサッカルーズの監督の辞め方は、見るからに円満ではありませんでしたが。そういうわけで、あの状況は驚きだったし、チャンスだと思いました。彼のノウハウを生かして新しい選手育成事業を始めるチャンスが、手元に転がっていた。私にとっては絶好機で、外野の雑音は気にならなかった。大事なのは彼のノウハウであって、それが手の届くところにある。最大限に利用させてもらおう、というわけです」

ポステコグルーが手がけた育成プログラムは、次のようなものだった。

「アンジェが当時見ていたのは11歳のチームです。子どもたちは刺激を感じていましたよ。それまで慣れていたやり方と違っていたからです。当時も育成組織はたくさんあって、たぶん私が25年前や30年前にやっていたのと同じことをしていました。

たとえばアンジェが取り入れたのは、常にプレーを途切れさせず、1時間の練習中、子どもがただ待つだけの時間をつくらないことです。ボールがコートから出たらすぐに代わりのボールを入れられるよう、コーチが準備しておかなければならない。無駄な時間を秒単位で削ったんです。そうやって、1回の練習中、子どもにボールを最低1000回触らせることを目標にしました。何項目か定めた目標の一つで、あれは素晴らしかった。保護者向けのセールストークに使いましたよ。『そう、1000タッチです。よそでは隙間の時間が多いんです。試しに誰か1人に注目して観察してみてください。よその練習中、子どもはうちの半分もボールに触らないかもしれません。これを何年分も掛け算すると、どうなるでしょう……』とね。

過去5年、17歳以下のオーストラリア代表にうちから3人も選ばれた理由は、おそらくここにあります。うちのジェイク・ブリマーがリバプールと契約した理由もです。うちには体系的なプログラムがあり、アンジェはそこで大きな役割を果たしました」

ヌナワディンでポステコグルーと働いた人たちに詳しい話を聞いたところ、彼が特に意欲を燃やしていたのは、オーストラリアの子どもたちの間でポゼッションの使い方を変えることだった。具体的には、横の動きをより多く使い、相手にポジショニングの修正を強いることで隙を生み出そうとしていた。また、遊びのなかでボールを蹴る時間が下の世代ほど減っていることを認識したうえで、足元でボールを扱うことを重視し、毎回の指導で最優先することを決めていた。短期的な痛みが伴うことは気にしなかった。

ディミトラキスは笑いながら「どんな選手であれ、長いボールを蹴ることをアンジェは好まなかった」と振り返った。

「大きく蹴ってしまうのは、楽なやり方です。でも、アンジェはいつも選手に挑戦を促します。だから、厳しい環境になる。特に、保護者たちには。その分、学びも多かった。最初は本当に難しかったですよ。データを示せませんでしたから。それが今では、17歳以下のオーストラリア代表に選ばれた選手が3人いる、と言える。リバプールに行った選手とAリーグの年間最優秀選手が1人ずついる、と誰にでも言える。ただ、最初は私自身でさえ、自分たちがどこに向かっているのかわかっていなかった。

アンジェが哲学を定めたことについては、それがどんな範囲に及ぼうと、あとから交渉する余地はありません。それで、メディアやサッカー関係者から一斉に攻撃されるわけです。セルティックの監督になった直後がそうでした。アンジェはすごく意志が強い。たぶん、それが成功の理由です。

うちのクラブにも、まだ関心を持ってくれています。息子のジェームズがしばらく在籍していたから、何度も試合を見に来ていたんです。何かまずいところがあれば指摘されましたよ！まったく思ってもいないタイミングで、いきなり現れるのがお約束だった。プログラムがうまく機能していることも把握していました。月ごとにグループで一番うまくなさそうな選手に目をつけて、あとで様子を確認しにきていたからです。もしその子が上達していたら、ほかの子たちも上達しているとわかる。そういう考え方でした」

ヌナワディンでは現在、ポステコグルーが描いた青写真に従い、全年代の合計で20人前後のコーチが働いている。そして、そのポステコグルーはペールブルーと黒の壁画に描かれ、永遠に称えられるべき存在となっている。ディミトラキスはこの有名な絵について、解説者など多くの人が完全に的外れの理由で批判していると断言した。サッカー史上最も影響力のある思想家であろうヨハン・クライフと、その一番弟子であるペップ・グアルディオラ。壁画制作には、その二人とポステコグルーを同列に扱う意図は断じてない。ディミトラキスは「三人とも常識にとらわれずにものを考える。人と違った考え方をする」と強調した。

「哲学が必要だ、ということが何より重要で、三人はそれを理解しています。これはおそらく、大人になってからよりも、育成段階で重要です。アンジェには哲学があり、ペップにも哲学がある。それに賛同する人もいれば、反発する人もいるかもしれない。しかし、ジュニア年代ではその哲学が多くの経験をもたらすため、とても重要になるのです。

アンジェのおかげで、ここではセルティックに大きな関心が集まりました。ここでは皆が彼の功績を心から評価し、彼の優秀さを理解しています。その一つとして私が気づいたのが、アンジェとペップの共通点です。どちらも育成年代の指導者を経験し、自らの哲学を育成年代からトップチームへと移植しました。セルティックを見ると、ここヌナワディンで11歳の子どもたちにアンジェが教えていたのと同じことが多い」

ポステコグルーにはクラブの発展にもっと時間を捧げてほしかった、と本気で失望している者は、ヌナワディンにはいない。彼は2009年にブリスベン・ロアーに監督として雇われ、その仕事に全力で打ち込む必要があったからだ。そして、マホーニーズ・リザーブの子どもたちが熟知しているサッカースタイルをブリスベンで再現し、成功を重ねていたからだ。ポステコグルーという指導者にとって、在野の2年半は有意義だった。それどころか、必要だったのかもしれない。彼は次の大きなチャンスに向けて進歩を遂げ、熟慮と改善を重ね、計画を立てるため、トップレベルの要求と無縁になった時間を利用したのである。ただし、そうやって簡単にまとめられるのは、今だからこそだ。当時の彼にとって、愛する仕事から締め出されたことは拷問以外の何ものでもなかった。

サウスメルボルンの元GM、ピーター・フィロプーロスは、ポステコグルーが２００７年初めに連盟を去り、２００９年10月にブリスベン・ロアーで捲土重来を果たすまでの時間を美化しようとしない。親友のポステコグルーが二度とサッカー界に戻れなかった可能性に思いを致しながら、彼をやんわり擁護するような口調で当時を振り返った。

「アンジェがヤングサッカルーズでしくじったとみる向きもあるだろうが、私としては、成功できるだけの環境や資源を当時の連盟が与えなかったと考えている。後方支援に問題があったということだ。全国リーグも崩壊していたし、アンジェが成功できるような資金、あるいは投資がなかった。

それで、アンジェはスケープゴートのようになった。ＳＢＳ［訳注：オーストラリアの公共放送］でのクレイグ・フォスターとのインタビューが典型的だ。あれはアンジェにとって残酷な時間だった。それから追放同然になった。その後はあまり仕事をしなかったが、ギリシャ行きが決まった。そこから先は周知のとおりだ。下部リーグのクラブで働き、自分から辞めて無職で帰国した。皆から避けられ、公園で子どもたちのコーチをしていた。すごく厳しい時間だった。

その頃にアンジェと連絡を取った記憶がある。本心を見せたがらないから、アンジェが何を考えているのか誰にもわからない。うまく伝わらないかもしれないが。自分の考えを決して言おうとしないんだ。親しい友人は2、3人いたはずだが、苦しい状況にいてもそれを話そうとしないんだよ。この説明で伝わるかな」

フィロプロースは続けた。

「その後、ブリスベン・ロアーでようやくAリーグの仕事にありついた。ただ、それもまったくの幸運だった。アンジェはある試合の会場で当時のリーグ責任者に会いに行き、『また監督をやろうと思っている。Aリーグで機会があれば教えてほしい』と伝えた。その2～3週間後、ブリスベン・ロアーの監督だったフランク・ファリーナが飲酒運転で捕まり、クラブは解任を迫られた。そこで、くだんのリーグ責任者が『ちょうどいい監督がいる。アンジェにチャンスを与えたらどうか』とブリスベンに提案した。そこから先は成績に残っているが、成績だけじゃない。アンジェはブリスベンに行って、最高に素晴らしいサッカーをするクラブを創造した。速く、激しく、面白いサッカースタイルをつくり上げた結果、リーグを3連覇した。まさにアンジェだ。その先のことは誰もが知っている。メルボルン・ビクトリーに移り、サッカルーズの監督になった。とはいえ、連盟での2回目の仕事でも、必要なサポートはなかったようだ」

詳しくは後章で扱うが、この話にも、ポステコグルーが部下だけでなく、肩書き上は自分より高い地位にある管理職や経営者、取締役たちに多くを要求したことが表れている。彼の選手になるより厳しい仕事があるとしたら、それは彼の名目上の上司を務めることかもしれない。これまでに成熟したところはあるが、ポステコグルーのそういう面は変わっていない。

ポステコグルーとフォスターが和解したことも記しておく。例のインタビューについても、それぞれが冗談のネタにできるまでになっている。あくまでも、少しならの話だが。問題の根幹となった部分で譲歩するつもりが二人にないことくらい、ちょっと掘り下げればすぐにわかる。厳しい質問をしたことは正しかったと主張するフォスターに対し、ポステコグルーはインタビューが過剰だったと確信している。だが、その後の出来事によって、二人は互いに寛大さを示せるようになった。フォスターは解説業だけでなく、難民支援活動でも広く称賛されるようになった。そして、ポステコグルーは２００７年に暗く、冷たく、孤独な荒野に放り出されたが、今はそれとかけ離れた場所にいる。

運命の一戦

ブリスベン・ロアー（2－1）パース・グローリー
2012年4月22日
Aリーグ　プレーオフ決勝

アンジェ・ポステコグルーのブリスベン・ロアー時代については、サッカースタイルの進歩に多大な関心が注がれるせいで、成績の充実ぶりが見過ごされることがある。彼は2012年のプレーオフ決勝を制し、Aリーグ史上初の連覇を達成した。FCバルセロナをもじり、サポーターから〝ロアセロナ〟と渾名されるプレースタイルでそれを成し遂げた事実は、偉業を一段と甘美なものにした。

しかし、内部関係者から聞いた連覇達成後の出来事からは、ポステコグルーという人間にアレックス・ファーガソンと同じ一面があることが窺える。ファーガソンはアバディーンの監督だった1983年、ハムデンパーク［訳注：グラスゴーにあるスタジアム。日本の国立競技場に相当する」でレンジャーズを破り、スコティッシュ・カップ優勝を果たしたばかりの選手たちに怒りをぶつけた。その様子はテレビで生中継されたから、オールドファンなら鮮明に記憶しているだろう。それより若いファンでも、当時の映像はユーチューブで簡単に見ることができる。これは衝撃的な光景だ。情緒不安定と言ってもいい。しかし、ファーガソンの振る舞いは一般的に、彼を伝説の名将たらしめた頑迷なほどの一貫性、あるいは無限の向上に対するこだわりの表れと受け止められている。

毎度お馴染みのことだが、ポステコグルーはブリスベンでの監督就任直後も手腕を疑われていた。しかし、2010年9月から2011年11月まで36戦連続無敗という国内クラブスポーツ史上初の大記録を打ち立て、連覇をかけたプレーオフ決勝に進出する頃には疑念を払拭していた。

ただ、ここで興味深いのが、ブリスベンがリーグ戦2位でプレーオフに進出したことだ。プレーオフでシーズン優勝を決める仕組みは1980年代半ばの導入から時間を重ねており、ブリスベンを優勝チームとして扱うことへの疑問の声は皆無だった。これは単純にオーストラリアスポーツ界の慣習であり、プレーオフの覇者は文句なしの王者として扱われる。それでも、まだ祝勝ムードの選手たちに対し、ポステコグルーは違った視点を提示した。

中心選手だったトマス・ブロイヒは次のように振り返っている。「シーズンオフの休暇に送り出される前、アンジェから選手たちに話がありました。念のため言いますが、まだ優勝直後のことですよ。こちらの目を見て『リーグ戦は2位で十分だと思っているなら、考えを改めろ』と。つまるところ、『優勝はめでたいが……』という話でした。リーグ1位じゃなかったことを、自分が何か失敗したみたいに怒っていました。それが彼の基準なんです。一切妥協せず、完璧でなければならない。実際、ものすごく気難しいところもある。なかなか満足しないんです。全力を尽くして本当に最高のサッカーをすれば、ピッチを去るときに笑みを浮かべるかもしれない。それでも、〝かもしれない〟なんです！」

第7章
時代の先を行く

アンジェ・ポステコグルーは盲信的に大胆な賭けに出ているわけではない。彼は入念に革命の計画を練り、弾力性と柔軟性に劣る戦い方の弱点を見いだし、完全勝利への戦略を描いている。これまでの実績を見ると、彼はいつも最新の情報を駆使してほかに先んじ、集団を置き去りにしてきた。時代の先を行く人々を〝ahead of the curve（正規分布曲線の前方にいる）〟と表現するが、ポステコグルーと働いたことのある人の多くが、彼は時折、過去に描かれた曲線を上書きし、消えないインクで新たな放物線を描いているようだったと証言している。

「優れたチームに勝つだけでなく、優れたチームになることが大事なのです」。ポステコグルーの哲学を見事に表現してくれたのは、彼が指導した選手のなかでも屈指の実力者、トマス・ブロイヒだ。自身も戦術専門家として認められているブロイヒによれば、下馬票を覆してカップ戦で優勝したり、まぐれの大金星を挙げたりするくらいの〝戦略〟を立て、遂行することなら、運次第でどんな監督にもできる。しかし、ポステコグルーは違う。大義に尽くすに足る賢さと勇敢さを備えた者は、たとえ世界一のチームが相手でも、より高度で、より正当で、より蓋然性の高い勝利を手にする必要がある――それがポステコグルーの信念なのだとブロイヒは強調している。

ポステコグルーにはリスクを冒す傾向があるが、それをギャンブル依存と呼んで片づけてはいけない。彼のすることは、ドーパミンを欲するあまりカジノテーブルから離れられない症状とは別物だ。本人の認識では、ポステコグルーはいつも確かなものに賭けている。サッカーは少しの運が成否を分ける混沌とした競技だが、柔軟性のある4-3-3にひねりを加えた彼のゲームモデルからは現実的な意図が見てとれる。そこに表現されているのは、美しいサッカーへの志だけではない。同様の戦術は、リヌス・ミケルスからヨハン・クライフ、マルチェロ・リッピ、そしてバルセロナ黄金期のペップ・グアルディオラに至るまで、名将たちがそろって採用し、改良してきた。とはいえ、美しい連係やパスワークを展開できるものの、格下相手に番狂わせを喫することはある。ポステコグルーは原則を貫く姿勢を前面に出すことで、そうした黒星の存在を誤魔化したがっているわけではない。継続的な成功を達成する可能性は自分の戦い方が一番高いのだと、単純な〝意見〟という言葉、あるいは〝信念〟という言葉さえはるかに超えた確信を抱いているのである。

ポステコグルーのやり方には異論もあるだろう。しかし、最近の若者が好む物言いかもしれないが、彼には〝証拠〟がある。とりわけ説得力が高いのが、ブリスベン・ロアーの現実離れした大変革だ。ポステコグルーの下、ブリスベンは連覇を果たした。〝ロアセロナ〟という気の利いた愛称（由来は言わずもがなだ）もついた。そして、今日まで破られていない36戦連続無敗という大記録によって、オーストラリアスポーツ界で語り継がれるクラブになった。

優れた変革者の例に漏れず、ブリスベンでのポステコグルーのやり方は恐怖心を引き起こした。少なからぬ人々に刺激を与えもしたが、先行きの不確かさや不安によって動揺が生じたのは間違いない。特に、選手たちは舞台裏で恐怖を感じていた。映像を使った分析ミーティングは容赦なく、彼の熱烈な信奉者たちでさえ、自分のプレーが題材にされたときの記憶に今も身震いするほどだ。自分一人に冷徹な批評が向けられたことを思い出すだけで、フラッシュバックが起こるという。しかし、彼らは恐怖を語ったのと同じ口で、ポステコグルーが生み出した絶対的な自信も話題にする。その口調は非常に誇らしげだ。ポステコグルーは断固たる決意の下、ファイナルサードでの戦術の意図を事細かに選手たちに教え込んだ。さらに、ゴール期待値（xG）などに見られる統計の進化を予告するかのように、すべてのシュートチャンスの価値が同等でないことを理解させた。信奉者たちは、彼が大半の選手から本気の信頼を得たやり方に感嘆している。また、素早いポジションチェンジや横の動きを駆使し、怒涛《どとう》のパスワークで相手を圧倒することに全力を尽くす姿勢を示せない、あるいは示さない選手を先発11人からほぼ一掃したことにも驚嘆している。

前述のとおり、ポステコグルーは2009年10月、飲酒運転で解任されたフランク・ファリーナの後釜としてブリスベン・ロアーの監督に任命された。オーストラリアサッカー界のトップレベルを2年近く離れたあと、混乱の渦中にあるクラブに身を投じたのである。立て直しに中途半端なやり方は選ばず、先発・控えの選手層を一新した。そして、旧時代のイングランド流が幅を利かせるAリーグにおいて、斬新なスタイルのサッカーをさせた。敵陣深くにロングボールを蹴り込み、相手ディフェンダーを背走させながら、自分たちも全力でボールを追いかける――そういう発想の上を行ったのだ。ポステコグルーが見切りをつけた選手には、それまで主力だった選手やファンに人気だった選手も多い。チャーリー・ミラーやクレイグ・ムーア、ボブ・マルコムあたりは、スコットランドでも有名だ。それぞれ歴戦のファイタータイプの選手で、主流派の理屈によれば、クレイグ・フォスターとの言い争いがテレビ中継されてから2年半しか経っていなかった当時、あの一件のイメージが最も強い監督にとって、手放してはいけない人材だった。

折り合うことはできなかったのだろうか。せめて互いに仕事と割り切り、落とし所を見つけられなかったのだろうか。だが、言ってしまえば、サッカーがまだ村や集落の間で争われる〝フットボール的な何か〟だった時代からずっと、人間関係における衝突はスポーツの一部であり続けている。その〝何か〟で最初のキャプテンでさえ、宿敵との対戦を前に「監督が棍棒の使い方に無駄な制限（守備陣のみ使用可能で急所は狙わない、など）をかける」と不満を言い、指揮官と対立したに違いない。アメリカの偉大な野球監督、ケーシー・ステンゲルは監督業の要諦について、自分を憎んでいる選手を、まだ自分に従うか決めかねている選手から引き離すことだ、との言葉を残している。

しかし、これは単に他者と協力することを学べば済む話ではなかった。サッカーはどうあるべきか、どうプレーしなければならないかをめぐる、意志と意志の闘いだった。ポステコグルーはまず、チームで一番才能のない選手でさえ4メートル半のパスは通せるのだから、精巧なパスサッカーは実のところずっと簡単だと選手を説得し、挑戦を促した。優れた監督は皆そうだが、彼は能力を超える離れ技をやってのけろとは言わなかった。技術や戦術、肉体や精神における自身の限界について、認識を改めるよう要求したのである。結局、それが目覚ましい結果に結びついた。

ブロイヒはU21ドイツ代表として将来を嘱望されたのち、Aリーグで名を残した。引退後、

『ブンデスリーガTV』の解説者として評価を確立し、ウニオン・ベルリンの技術スタッフに転身してからは、チームの戦術やフォーメーション、選手の動きやそれへの対応を分析する仕事に歳月を費やしてきた。目指すところは、22人の選手と約1800万の変数からなる混沌とした競技のなかに、秩序や摂理の存在を示すわずかな兆候を見いだすことだ。プロの分析者にとって究極の目標である。ブロイヒがブリスベンに加わったのは、ポステコグルー自身が契約したからだった。そのブロイヒにさえ、ポステコグルーの計画がいかに斬新だったかを説明するのは容易ではない。そこでブロイヒは基本に戻り、ポステコグルーがごみ箱送りにしたブリスベンの安全第一思考を「もちろん、最高のチームと戦うときでも、隙を突くことは可能です。運がよければ結果もついてきます」とまとめた。それから、次のように話を続けた。

「でも、アンジェはそういうことに興味がありません。彼の望みは、自分のチームを引き上げることとです。相手がどこだろうが基本的に気にせず、『試合を支配して自分たちの手で運をつくり出そう。相手を上回ることで相手を倒せるチームになろう』と言えるレベルを目指しています。それをアウェイのレアル・マドリード戦で実践しました。あれに刺激を受けないわけがない。今もまだ、私は日々の仕事でアンジェから刺激を受けています」

アンジェのサッカーには、どこに行っても変わらない基礎があります。ブリスベンはボール周辺に数的優位をつくることを重視していました。だから、ポゼッション中はボールを持っている選手の周辺に何人も顔を出していました。45メートルもの対角線のパスを通すには、そもそもサッカーは複雑すぎると考えているからです。一方、7〜8メートルのパスを通すことは平凡な選手でもできるはずです。そうやって互いをサポートし、ボールを守り、ボール保持者に選択肢を与え、斜めのパスコースや小さな三角形をつくってやるわけです。その動きと、ローテーション［訳注：複数の選手がポジションを入れ替えること］を土台にプレーモデル全体が成り立っていました。ローテーションの目的は、相手守備陣の立ち位置をずらすことです。当時のブリスベンでは、守備的ミッドフィールダーが最終ラインに下がって3バックをつくり、全体として3-6-1のような並びになっていました。両ウインガーは中央に移動します。右利きの左ウインガーが遅れて来たトップ下のように振る舞い、インサイドハーフがサイドに開く、といった具合です。こういうローテーションによって、絶えず相手を戸惑わせ、大幅な数的優位をつくり出していました」

ポジショニングはもちろん重要だが、問題は選手が適切な判断を下せるよう準備できるかどうかだ。最近のトップレベルの監督なら、クラブのデータ分析担当者に考えを伝えるだけで、それを補強する具体的な数値を用意してもらえる。その数値を適切な試合映像と組み合わせれば、現代のサッカー選手は当然理解できる。しかし2009年の時点では、ほとんどのサッカー関係者が〝xG〟という言葉さえ聞いたことがなかった。今では業界の共通語となった

〝xA(アシスト期待値)〟や〝PPDA(プレス行動頻度)〟などの無数のアルファベット用語も、もちろん知られていなかった。

ブロイヒは言う。

「最後にもう一つ、本当に重要なことがありました。ファイナルサードでの話です。アンジェはゴール期待値などの概念に関して、本当に時代の先を行っていました。当時、まだxGは広まっていませんでしたが、ブリスベンには明確な攻撃の入り口がありました。どのパスコースを狙わせるべきか、アンジェはとても具体的に知っていたんです。彼は常に、サイドバックとセンターバックの間を狙わせました。そこを通せば、たいてい危険なエリアへのスルーパスになります。そこから簡単にゴール前に折り返せば、大体は中の選手が合わせるだけでゴールになる、という発想です。また、遠めからのクロスやロングシュートについては、選択肢から外していました。大事なのは、ボールを戻して逆サイドに展開し、そっちでチャンスを探り、入り口を見いだすことです。入り口が見つかるまで、何度でもサイドを変え直すことを求められました。

これに関しては、アンジェは数字を理解していただけです。タッチライン際からボールを放り込み、ヘディング勝負に賭けるのも、ロングシュートを打つのも、あまりいい選択ではありません。今では誰もが、そうしたプレーのxGを知っています。大事なのは、ディフェンスラインの裏に侵入し、より得点率の高いチャンスを生み出すことです」

ポステコグルーは同じゲームモデルを絶えず進化させた。セルティックでしたことも、そのモデルを最新の姿で再現しただけだ。彼はあまりフォーメーションを変えないが、だからといってチームが変化できないわけではない。4-3-3のどこに誰を配置するかですべてが変わる。左ウイングでのプレーが前田大然とジョタで大きく異なることや、旗手怜央とマット・オライリーがそれぞれ違ったインサイドハーフであることも、ポステコグルーは完全に把握している。当然、アーロン・モーイの個性も知っている。

しかし、ポステコグルー指揮下のセルティックで近距離・低弾道のクロスからの得点が多かったところには、xG時代を先取りしたブリスベン・ロアーの攻撃との共通点が見てとれる。彼はブリスベンのあとも、メルボルン・ビクトリーやオーストラリア代表、そして横浜F・マリノスに同じ攻撃モデルを持ち込んだ。セルティックでも〝入り口〟にパスを通すことを目指し、チャンスで誰がペナルティエリアに走り込んでもいいように、クロスからシュートという単純な練習を反復した。

ボール保持に関し、ポステコグルーはかなり早くから本格的な〝5レーン・アプローチ〟を採用した。ピッチの横幅を文字どおり5分割し、5本のレーンそれぞれに必ず1人がポジションをとることで、ファイナルサードを攻略する攻撃戦術だ。たとえば、セルティックでは攻撃時の陣形が実質的に2-3-5になっていた。最初に両サイドバックがピッチ中央に上がり、守備的ミッドフィールダーと並ぶことで、中盤の前方に位置するインサイドハーフ2人を最前線の3人と同じ高さに押し上げていたからだ。これによりピッチの横幅すべてを使い、相手守備陣を恐慌に陥れることができた。現在の守備戦術は陣形をコンパクトに保ち、中央のレーンを塞ぐのが主流だが、横幅を広く使う攻撃には対応しきれない。必ずどこかに穴が開くということだ。

セルティックはチャンスさえあればカウンターでの速攻も苦にしないが、とりわけスコットランドでは辛抱強い遅攻が求められる。ポステコグルーの下でそれを実行できた理由が、この5レーン・アプローチだった。相手守備陣が中央を固めたままなら、ウイングは相手ディフェンダーと1対1で対峙することになる。ジョタや前田、リエル・アバダといった選手にはスコティッシュ・プレミアシップのサイドバックの9割を圧倒できる実力があり、援護のない相手との勝負はいわゆる技術的優位に相当する。これは非常にわかりやすい。この手が使えないときは、ペナルティエリアの片側に味方を集めて数的優位を生み出し、相手に〝オーバーロード(過負荷)〟をかける。直前のサイドチェンジによって、守備側のポジション修正を難しくしておくことも多い。それがうまくいかない場合でも、絶えず動き続ける。しかも、動きの量が多い。たとえば、インサイドハーフは自分をマークする相手を引き連れてペナルティエリアに走り込んだり、そこから下がったりする。自分がおとりになることで、ピッチ中央に位置を移したサイドバックの攻め上がりを促すためだ。そして、コンビネーションの細かい部分やローテーションのパターンの多さはどうあれ、仕上げの段階は多くの場合、シンプルな斜めの飛び出しと直線的なパス、低い弾道の高速クロス、主力ストライカーである古橋亨梧などのシュートで構成される。付言すると、〝アンジェボール〟にはほかの選手にスペースを生み出す仕事に通じたセンターフォワードが不可欠であり、古橋は自らの動きと機転でその必要を満たしていた。

スコットランドでは、セルティックのカウンタープレス〔訳註：ボールを奪われた直後から相手との間合いを詰め、短時間でボールを奪い返す戦術。ドイツ語の「ゲーゲンプレス」の英訳〕戦術も大いに注目を集めた。

セルティックの〝レスト・ディフェンス（攻撃チームがボールを奪われた瞬間の選手配置。特に、後方に残った選手によるボール奪還の準備やカウンター対策を指す）〟は守備的ミッドフィールダーのカラム・マグレガーと、中央にポジションを上げたサイドバックの片方を基礎としていた。また、センターバックのキャメロン・カーター－ビッカーズも不可欠の役割を果たした。カーター－ビッカーズのカバーリング範囲はスコットランド基準では反則級の広さを誇るため、マグレガーたちがリスクを冒し、攻撃陣がファイナルサードでボールを失った瞬間に相手へのプレッシングを開始できたのだ。

　スコットランドのクラブとの対戦をはじめ、セルティックは相手最終ラインのボール保持者を積極的に追いかけた。しかし、必要に応じて後退し、4‐5‐1のブロックを組むこともできた。こうした守備戦術は、近年のチャンピオンズリーグでの一つの潮流だ。セルティックよりずっと資金や選手に恵まれたクラブにおいて、高強度のプレスをかけるよりミドルブロックを敷くことが多く選ばれている。

　ポステコグルーがすることはすべて、相手にオーバーロードをかけることに主眼を置いている。その究極の目的は、まずい対応と壊滅的にまずい対応の二択を不運な相手ディフェンダーに強いることだ。これを実現するには多くの歯車がかみ合わなければならず、一人がしくじるだけで重大な副作用が起こる可能性もある。そのため、ポステコグルーのサッカーを体得するには多大な献身が求められる。選手は自分自身の役割に加え、チームメートの役割にも精通する必要があるからだ。

　ポステコグルーは2020年、分析会社ハドルが開いた指導者向けウェブセミナーで、自身の哲学の骨子を説明した。なかでも、チームのパフォーマンスを測る主要指標の話は極めて興味深かった。試合中に何が、なぜ起こったのかを探究する手がかりとして、パス成功本数やボール保持関連の数値だけでなく、ボール奪取の所要時間と場所に関するデータを重視していたのだ。彼がチームに加える微調整や変更は常に自分のサッカーの核となる原則を強めることを目的とし、それらを弱めることは決してない。あらゆる調整・変更が、対戦相手の一歩先を行き続けることを意図している。

ポステコグルーは「私はずっと、いつか指導者になろうとしていた」と切り出し、次のように続けた。

「チーム構築は5年先を見て進めている。流行を追っていては、周囲を模倣することになる。私はほかに誰もやっていないことがしたい。

サッカーは絶えず進化しているから、流行を追いがちになる。だが、私はその先を行きたい。次の時代はどうなるか。ペップのバルセロナを見た者たちが、カウンタープレスを駆使したハイテンポなサッカーを編み出した。そこがサッカーの美しさだ。

それでも、私の理想は1974年ワールドカップ、選手をポジションの縛りから解放した〝トータル・フットボール〟にさかのぼる。選手を自由にできればできるほど私は嬉しいが、その分だけ常識外れになっていく。自分はディフェンダーだとか、ミッドフィールダーだとか、フォワードだとか、選手が考えもしないレベルまで到達できるだろうか。『俺はセンターバックなんだから、ここにいなければ』などと選手が言わない、今よりずっと流動的なサッカーは実現できるだろうか。

どこかの時点で、サッカーはそういう道に進む。そして、サッカーが私の理想にたどり着いた段階で、それを止めるために堅牢さを突き詰めたシステムが編み出される。そしてまた、私たちが巻き返す」

ブリスベン・ロアーでは、スタイルの変更にとりわけ前向きな選手たちが、もはや信仰と呼べるほどの献身性で〝アンジェボール〟の実現に邁進した。当然ながら、新しい考え方に反発した選手たちは早々にクラブを去った。ポステコグルーにとって不運だったのは、メディアに支持者が多くないこともあり、一部の放出選手による古巣批判が報道され始めたことだ。彼はブリスベンの監督として腰を据える間もなく、懐疑的な視線や批判を浴びていた。本書の読者には、もはや既視感のある記述だろう。ここでもまた、ポステコグルーは外野の騒音をはねつけ、自分の方針を少しも曲げなかった。

ブロイヒが言うには、ポステコグルーがマンマネジメントに成功してきた要因は、選手を主人公にして奮起を促す物語を描き、伝える能力にある。もちろん、自身の理論の信頼性を支える証拠を早くに打ち出すことは、さらに重要だ。

「何よりも、自分のやり方が機能することを目に見えるよう示さなければなりません。簡単ではありませんが、それができて初めて、本気の支持が得られます。早い段階で成功例を示すことは、本当に大事なんです。まだ満足できる水準に達していなくても、進歩を見せられるということが非常に重要です。アンジェが映像分析の名人であることは、重要な要素でしょう。それにストーリーテリングも巧みで、とにかく『人と違うことを恐れるな』と伝えることができます。普通と違う道を進もうとするときに、どこにたどり着けるのかを教えてくれるイメージです。そうやって、ひたすら周囲を鼓舞するんです。ただし、しかるべき時機がくれば『俺のやり方が嫌なら出ていけ』となる。この二つの組み合わせです。考えてみれば、正反対のメッセージですが。まずは選手たちを鼓舞し、自分についてくる機会、あるいは仲間に加わる機会を与える。ただし、あまりに疑り深く、チームに害を及ぼす可能性がある者には、ある時点で『嫌なら出ていってくれて構わない』と伝える、ということです。ご存知のとおり、プロサッカークラブには『こんなのうまくいかない』とか『リスクが大きすぎだ。馬鹿げている』と言い張る者はいくらでもいますから。アンジェはその組み合わせ方が素晴らしい。

実際、アンジェのスタイルやプレー強度、あるいは要求を好まない外国人選手は何人かいました。外国人選手には国内選手よりコストがかかっているのが普通ですが、アンジェは自分が連れてきた外国人だろうと、抵抗しすぎだと感じた選手や変化を渋る選手はチームから外しました」

ブロイヒは自他ともに認めるポステコグルーの信奉者だが、彼のサッカーに適応できなかった選手たちに一定の同情も示している。

「年長の選手たちに起こって当たり前の現象です。特定のプレースタイルに慣れ、32歳になって、いきなり現れた男に今日からロングボールは蹴るなと言われるんですから。当時の例で言えば、センターバックたちはジェラール・ピケのようなプレーを求められるわけです。しかし、多くの選手がそのやり方に反対し、ロッカールームの雰囲気が悪くなれば、アンジェとしては排除せざるをえません」

ブロイヒは批判に対するポステコグルーの強さを称賛した。

「アンジェには感服します。あのやり方のせいで、彼はずっと批判されている。もちろん、今はうまくいっているから当てはまりませんが、セルティックで監督になった直後は批判されました。ブリスベンでも同じです。彼はそうした重圧への対処が見事なんです。ヤングサッカルーズでの顛末《てんまつ》はご存知でしょう。テレビで恥をかかされた話です。おそらく、あの日は彼の転機でした。あのあとで物事の進め方を変えたのです。それでも、再スタートを切るには多くの抵抗を乗り越えなければなりませんでした。

自分を信じる人が多くないところから始まり、次のレベル、より高いレベルへとステップアップを続けました。ブリスベンで成功したあとも、誰もが『あれはブリスベンでの話だ。今度のメルボルン・ビクトリーではわけが違うぞ』と言い続けました。それがメルボルンのあとは『クラブのサッカーとオーストラリア代表は違う』、次は『ここはJリーグだ』、そして

『ヨーロッパで成功するわけがない』と変化してきた。つまり、常に疑われていたわけです。彼には自分を信じるためのエネルギー、それ以上に確信があり、ひどい報道や批判にも対処できるのです」

ブロイヒは続けた。

「アンジェが放出した選手の多くが、ブリスベンで報道に行きました。メディアの専門家や解説者に転身したんです。アンジェは何週間、何カ月間も公然と非難されながら、まだ成績が思わしくなかったせいで放っておくことしかできませんでした。週末になるたび、監督として不適格だとか、マンマネジメントが不十分だとか、戦術が足りないといった批評を読まされるのです。それでも、アンジェは挫けませんでした。むしろ、その逆です。もっと強くなりました。ああいう強さのある、真のリーダーとなる人が必要なんです」

ブロイヒはポステコグルーの一貫性について、次のように説明した。

「プランAがうまくいかなければ、それを改善するというのがアンジェの基本姿勢です。プランBやプランC、プランDを話題にする人は今も大勢いる。相手のボールの動かし方やプレッシャーのかけ方をあれこれ想像し、対応を考えるわけです。プレースタイルは常に変化しますが、アンジェは違う。ブリスベンでの滑り出しは好調ではありませんでしたし、2〜3連敗して厳しい状況になったこともあります。でも、結果がどうあれ、スタイルを変えようとはしませんでした。そこを疑う余地は一切ありません。

私はそこが重要だと考えます。似たような発想で後方からパスをつなごうとする監督はいても、どこかで『過去5試合、後ろからのつなぎのミスで2点も取られてしまった。少し相手のプレスがきつすぎると思ったら、ロングボールを蹴っていいぞ』と言いだす。あるいは、表現を変えて『相手を背走させることは非常に重要だ。頭を越えるボールを何本か蹴れば、あとで有利になるぞ』と言う。そんなの大間違いですよ！　そんなこと言ったら、自由にロングボールを蹴ってかまわない、というのが基本になるだけです。選手は大喜びだ。プレスを受けたら前線に蹴ってしまえばいいんですから」

ブロイヒは笑いながら説明した。サッカー選手にも安きに流れるという非常に人間らしい傾向があり、監督が事前に許可したのであれば楽なやり方を選択する。やらない理由を与えてはならない、ということだ。どんなに極端な状況でも、絶対に言い逃れの余地を与えてはならない。ポステコグルーはこれを理解している。ポステコグルーの指導を受けた取材対象の多くが、チームトークに使い回しや焼き直しが一切なかったと証言しているが、好んで取り上げるテーマは常にあった。彼は大事な話を繰り返すことをいとわない。映像の裏づけがあり、言わんとすることが明確に示せる場合はなおさらだ。

ブリスベン・ロアーの背番号10だったブロイヒに、分析ミーティングで名前を呼ばれたときの感覚を尋ねてみた。すると、大笑いで答えが返ってきた。

「緊張で固まりましたよ。個人として批判されたわけでも、ほかの誰かが責め立てられたわけでもありませんが。たとえば私の場合、動き出しのタイミングが適切だったかが問われました。それから、中に入る動きについても問われました。選手はいつも自分が厳しいプレスを受けていると認識しがちなので、アンジェの言うプレーには勇気が必要でした。たとえ相手が10メートル離れていても、こっちを見られた途端に『ボールを奪われる。安全第一でボールを動かそう』と思ってしまう。アンジェのサッカーでは、相手の懐に入る動きがすべてでした。狭いポケットに縦パスを通す必要があるからです。それが加速スイッチみたいなものでした。辛抱強くボールを動かし、ようやく相手に隙ができる。そのチャンスは絶対に逃せません」

ブロイヒは分析ミーティングの意義にも言及した。

「そういうプレーを体得するには少し時間がかかりましたが、分析ミーティングは本当に有効でした。試合中とはまったく違う見方に気づけましたから。アンジェが強調するところや指摘するところは、本当に的確でした。『見てみろ、ここに広いスペースがある。ここに入ってほしいんだ』とか『もっと早く顔を出さないと、ローテーションができないぞ』とか。そんな感じです。ただ、私は中に入る動きへの躊躇《ちゅうちょ》がなかなか抜けなかったので、分析ミーティングは必ずしも心地よい時間ではありませんでした。

正直言って、選手にとって映像分析は恐怖でしたが、教材にもなっていた。それに、プランに沿ってさえいれば、ミスをしても試合のメンバーから外されることは絶対にありませんでした。アンジェは選手が何をどう間違えたのか、何を求めているのか、どこに改善が必要なのかを説明します。でも、その後は同じ選手を試合に出すのです。これは私の選手生活では初めてのことで、学びになりました」

ブロイヒは続けた。

「アンジェにとっては、映像分析は自分の考えを全員に伝える手段でした。話の内容は映像で直接取り上げられていない選手にも当てはまりますし、チーム全体の戦い方の一部だからです。典型的な例が、勇気を持って後方からショートパスをつなぐプレーです。私は攻撃の選手だったので、自分にはあまり関係ないと思っていました。センターバックが叱られているときには、『それで？　怒られるのが自分じゃなくてよかった！』という感じでした。でも、そういうこと全部がつながっているのに気づきました。つまりはパズルです。前線の私たちがプレーの選択肢をつくり、助けてやることがセンターバックには必要なんです。

ここも重要ポイントです。顕著だったのが、ゴールキーパーやセンターバック、守備的ミッドフィールダーといった後方の選手たちに相手のプレスをかわすプレーが求められる場面でした。守備的な選手にとっては不慣れな分野です。それで、アンジェはときどき、信じられないほど彼らを擁護するんです。勇気をもって正しいことをしてさえいれば、ミスすることは受け入れられていました。私たちにとって、これは非常に強力なメッセージでもありました」

どれだけ原則にこだわると口にしようと、内外に発するメッセージに一貫性がなければ、それはポステコグルーではない。彼は横浜F・マリノスまでの各クラブで、努力を続ける選手やコーチ陣への称賛を惜しまなかった。セルティック時代も同じように、全員に高い水準が求められる環境を選手たちが生み出していると称えていた。さらに彼は、セルティックはこれ以上ないほど楽な試合でも、終了の笛が鳴るまで積極的に攻め続けると指摘した。これは偶然の産物ではない。ポステコグルーの指導を受けた選手たちは、そういう考え方を瞬く間に身につける。「あれ、今日は全然うまくいかないぞ」という感覚はしばしば、強豪が優勝争いから脱落するきっかけになるが、状況が厳しくとも、相手がさまざまな角度からの攻撃に対応し、反撃を繰り出してこようとも、セルティックはこの思考に陥らない。

ポステコグルーは自分自身について、点を取っても取られても平静を保つよう努めていると明かしている。2022年12月には、大事なことに焦点を絞るためのやや極端な手法を披露した。「分析には得点表示がない映像を使い、点数がわからないようにする。ただ純粋に、自分たちのサッカーや自分たちが目指すチーム像だけに目を向ける」

仮にほかの監督が似たようなことを言ったのだとしたら、多くの人が真に受けず、そっけない反応をしていただろう。スコットランドでは特にそうだ。しかし、これがポステコグルーの言葉となると、完全に信じられる。なぜなら、この言葉は絶えず勝ち点と優勝を目指す姿勢とともに、彼のサッカーの両輪になっているからだ。本人は次のように説明している。「特別なことは言っていない。勝ちを逃し続ければ私だって嬉しくはないし、結果を出す必要性は私たちもはっきり認識している。サッカーでは試合に勝つ必要がある。しかし、私は偶然やちょっとした運で勝つことを望まない。それでは自信にならないと考えている」

ポステコグルーは有言実行を続けた。彼が磨き上げたプレースタイルを重要な特徴一つで説明するとしたら、もし両サイドバックを中盤で先発させても、選手やコーチ陣がおそらく誰も戸惑わない、というものだ。ブリスベン・ロアー以降は間違いなく、彼の実績に偶然の産物は一つもない。ポステコグルーは同じゲームモデルに手を加えながら、ブリスベン・ロアー、メルボルン・ビクトリー、オーストラリア代表、横浜F・マリノス、そしてセルティックで機能させてきた。この事実は、彼のモデルが最も疑り深い否定論者の目に耐えうることを十分に証明している。

旧友のピーター・フィロプーロスは、目の前の出来事を信じようとしない者たちの後ろ向きさや、最も厳しい批判を一蹴するポステコグルーの能力について、象徴的な出来事を話してくれた。フィロプーロスは成人してから一貫してオーストラリアサッカーに携わり、今ではオーストラリアサッカー連盟（ＦＦＡ）のマーケティング・渉外・広報部門を率いている。

「アンジェがブリスベンに行ったとき、私たちはブリスベン・ロアーに名前をつけた。プレーオフ決勝に出るたびに試合会場に駆けつけたんだが、そのときにつくったのが『アンジェ、ロアセロナをありがとう』という横断幕だった。アンジェが当時のバルセロナみたいなスタイルを持ち込んだからだ。つまり、あの愛称は私たちがつけたんだ。

　ここはメルボルンだけど、パブではいつもブリスベンの試合の映像が流れていて、皆であれこれ意見を交わしていた。私たちはメルボルンにいながら、アンジェのことを本当に全力で宣伝していたんだ！　ブリスベンとメルボルン・ビクトリーの試合を覚えているよ。当時のメルボルン・ビクトリーの経営陣にいた親友たちが、ショックを受けていた。パブに現れた私が、ブリスベン・ロアーのオレンジ色のユニフォームを着ていたもんだから。そりゃあ、不機嫌になる。でも結局、２年後には『お前が正しかったみたいだ。アンジェにはうちの監督になってもらう』と言われたよ。それで、実際にアンジェはメルボルン・ビクトリーの監督になった。アンジェはいつも常識の先を行っている。セルティックでも同じようになった」

第8章
要求は明確

人間の脳には、それが現実であれ、ただの想像であれ、規則性を好む性質がある。だから、アンジェ・ポステコグルーが長い監督人生で下してきた数百人の選手獲得の判断を見れば、類似性や反復性を見いだすことは容易だろう。しかし、それには長時間の映像や山のようなデータ、関係者の膨大な証言を精査する必要がある。サッカーのような競技に論理を当てはめようとするほかの試みと同様、リサーチ担当者の精神的限界を超える可能性が極めて高い。結局、ポステコグルー自身の信頼を得た人々が発信する未知の重要因子について、統計的な裏づけは得られないということだ。

次善策となりうるのは、ポステコグルーと何年も仕事をした人々に目を向け、耳を傾け、学ぶことに時間をかけて、彼が選手に求める性格的特徴を理解することだ。ここに含まれるのは、いわゆる〝勝者のメンタリティー〟だけではない。優勝争いや残留争いを制したり、半年ごとに経営陣の支持を勝ち取ったりするうえで、チームの支えとなりうる強靭な精神力の持ち主、すなわち〝勝者〟と契約する必要性は、多くのクラブ経営者や監督が説明してきた。その言葉を紙に書いて並べれば、メルボルンから横浜、グラスゴーを経由してロンドンまで届くだろう。しかし、ポステコグルーが求める特徴は、ほかにもあるはずだ。もしかすると、適応力かもしれない。あるいは、学習能力かもしれない。サポーターやチームメート、ことによると自分の代理人でさえ監督のやり方に困惑しているときに、進むべき道にとどまろうとする意欲かもしれない。とにかく、その種の何かだと思っていいだろう。

当然の事実だが、ポステコグルーはすべての獲得選手にとても具体的な特徴を求めている。平均でも7〜8割のプレーを素晴らしい水準でこなす選手だらけの市場において、一つのプレースタイルに対する彼のこだわりは自然とフィルターの役割を果たす。残り2〜3割のせいで求める判断や動きのスピードに苦しむ選手なら、はじめから獲得候補に入らないからだ。

しかし、データを深掘りするだけで人生や宇宙、森羅万象の真理が見つかると信じる人々は、高度で細かな要求をする監督から放出・売却されたり、干されたりした選手にも決して消えない魅力があると考える。90分ちょっとの試合時間を超越したポステコグルーの哲学、すなわち〝アンジェボール〟に適応しない、あるいはできない選手にも、これは当てはまるだろうか。人間は混沌のなかにも秩序を生み出したがる生き物だから、欠点や欠陥、単純なプレースタイルの癖など、そういう選手に共通する特徴を見いだせるはずだ。

ポステコグルー自身、これまで選手獲得について多少なりとも深く語ったときは、各ポジション、各選手に何を期待するのか、選手層の厚みに関して何を求めるのかは、明確に把握していると述べてきた。言い換えれば、自分の好みは自分でわかっているということだ。

また、ポステコグルーは記者会見などで「はらわたが教えてくれる（My gut tells me）」という言葉を多用する。重圧のかかる状況で選手を試合に出す場合など、特定の環境で成功するのに必要な目に見えにくい資質の有無を「直観で判断した」という意味で使うことが多い。超知性を備えた腸内細菌が正しい結論に導いてくれるのかもしれない。

仕事を任せられる人材を見いだすことについては、前出のニック・デリギアニスの専門だ。虚飾と実質を見分け、優秀さを装った求職者と本物の価値の持ち主を選別する洞察力と経験は、大手人材会社の取締役という立場が物語っている。デリギアニスはハイデルバーグ・ユナイテッドの元フォワードで、ポステコグルーとは親しい幼馴染でもある。その彼が言うには、サッカーのチームづくりにおける適切な判断の必要性と、企業における採用・解雇との間には明確な類似性があるという。

デリギアニスはポステコグルーから学んだことを説明し、次のように語った。

「もちろん能力と姿勢は非常に重要で、ここでの妥協はありえない。そんなものは、サッカー界では最低基準だ。求められる水準、求められるやり方でプレーする能力は欠かせない。

ほかにも、アンジェは文化に適合しない選手を無理にチームに入れようとしない。アンジェの採用活動では、それを何より重視している。文化と環境ですべてが決まるからだ。セルティックで成功を再現できた理由もそこにある。試合に出ていない選手を含む全員がチームの文化やクラブの文化、どんな選手よりもチームが重要だという発想を受け入れているのが見てとれる。アンジェはこの条件をすごく重視している。そこに当てはまらない場合は……。

条件に当てはまらなかった選手たちについて、アンジェから実例を聞いたことがある。そういう選手は長続きしない。アンジェはそんな選手にも敬意を欠きはしないが、チームに浸透させたい文化に合わない場合や、環境に適さない場合はうまくいかない。だから、アンジェは技術だけでなく、文化への適合性を求める。彼にとって、この条件は非常に重要だ」

健全な職場環境において、適合性が重要であることは明白だ。しかし、サッカー界は変わり者やはみ出し者、アルコール依存症者やギャンブル依存症者、暴力犯罪者、世界を違った角度からとらえる芸術家肌の天才たちを許容してきた歴史が長く、異端の少数派から創造性の極みにいる者にまで、美しい競技の枠内で幅広く居場所を与えてきた。だから、選手のタイプに関するポステコグルーの話を聞くときは、平均的な企業の人事部が認めうる普通の基準に比べ、サッカー界の基準が少し寛容であることを気にとめておく必要がある。現代の標準的なサッカー選手像は、企業の基準にぴったり当てはまるわけではない。

とはいえ、ポステコグルーは実際、不適任と判断した選手を何人も放出してきた。彼がブリスベン・ロアーの監督に着任したことで大物選手やスター選手の退団が早まったし、同じことはほかのクラブでも繰り返されてきた。そして、ポステコグルーはあらゆる強みを駆使して移籍市場で優位に立ち、不適合者が去ったあとを適任者で抜け目なく埋めてきた。

国際プロスカウト機構（IPSO）の教育部門ディレクターで、才能発掘の経験が豊富なコリン・チャンバースに話を聞いた。チャンバースは日本をはじめとする移籍市場でのポステコグルーの仕事ぶりを「Jリーグからの選手獲得で周囲を出し抜いている」と評した。「市場を知り、自分に必要なものを知っている監督の典型だ。ただ池に釣り糸を垂らすだけ。狙いは自分が横浜で直接指導した選手か、指導した選手を知っている選手だ。自分のことを知っている選手を狙うから、向こうから食いついてくると確信している。率直に言って、市場に精通している」

ポステコグルーは選手獲得で明らかに日本に焦点を当て、多大な関心を注いでいる。韓国市場についても同様で、セルティックで最初の移籍期間が終了する前から興味を示していた。彼は常日頃、安価な日韓の選手をまとめ買いしたいという誘惑を感じており、両国の選手それぞれの強みや弱み、特徴や人間性を話題にしてきた。ただし、日本人選手や韓国人選手がすべて同じやり方でプレーするかのように書くことは、馬鹿げているし、やや失礼かもしれない。ポステコグルーがセルティックで指揮した選手で言えば、ポルトガル人ウインガーのジョタとカナダ人サイドバックのアリスター・ジョンストンを同一視するくらい、愚かしいことだ。

理屈を言えば、ヴィッセル神戸から古橋亨梧を獲得する費用なら、資金力が控えめか平均程度のヨーロッパの中堅クラブでも捻出できなかったとは考えにくい。セルティック移籍当時の彼は26歳で、プロ経験は日本のクラブのみだった。しかも、スカウト活動にリモート技術が導入されている現在、誰でも同じ映像、同じデータ、同じ量の情報を入手し、才能発掘を補強できる。必要なのは、そうした資料を適切に活用することだ。

しかし、現代のスカウト部門は往々にして、データなどの投入量に圧倒され、分析過多で身動きが取れなくなるリスクを抱えている。結局のところ、いずれかの候補者の獲得に動くことに対し、誰かがゴーサインを出さなければならない。しかし、決定に携わる者すべてが〝ゴー・フィーバー〟に陥ることを懸念している。これはアメリカ航空宇宙局（ＮＡＳＡ）の指令室で使われる用語で、ミッションを中断した張本人になりたくないがために、数値が示す事実よりも、打ち上げを実行したいという気持ちを優先してしまうことを指す。

その一方、名高いスカウトや信頼するアシスタントコーチの判断を支持した結果、まったく不適任の選手を加入させてしまうという悲劇は、ベテラン監督なら何度も経験している。最後は自分一人の判断なのだ。その選手を推薦するスポーティングダイレクターや移籍責任者が何人いようと、監督自身が獲得に前向きである必要がある。

移籍部門との連携に関し、何がポステコグルーの助けになっているのだろうか。初めて監督を務めたサウスメルボルンFC時代に再び立ち返り、彼が得た教訓を見てみよう。サウスメルボルンでは、スカウト活動全般が監督に任されていた。対戦相手を分析する際、選手の能力だけでなく獲得した場合の適合性まで評価し、取締役に獲得を要請する立場にあったということだ。

当時のサウスメルボルンでゼネラルマネジャーを務めたピーター・フィロプーロスは、次のように説明している。

「アンジェは自分が望むチーム像への認識がいつも非常に強く、何が足りないのかを常に明示できた。それから、あまり多くを語らず、いつも言葉少なだった。

『今週末、つき合ってくれ。何試合か見にいく』とよく言われたよ。要求は、ただ一緒に来てくれというだけ。実際に同行すると、何を考えているのか試合中は話そうとせず、帰り道で『あの2番の選手が欲しい。スティーブ・ヨシフィディスだ。獲得したい』なんて言われる。

で、私はそのまま契約するんだが、事前に考えを知らされることはなかった。アンジェが選手を獲得する理由はいつも、その選手が適任だからだった」

ポステコグルーの監督人生の第二幕がブリスベン・ロアーから始まったと考えるのであれば、ブリスベンを再生、再興する間に獲得・放出した選手の多さは注目に値する。ここで重要になるのが、矢継ぎ早の改革がどれほどサポーターや解説者の不興を買ったかだ。トミー・オーやアダム・サロタ、マイケル・ズロといった有力選手を手放し、クレイグ・ムーアやチャーリー・ミラー、リアム・レディー、ボブ・マルコム、ダニー・ティアットといったベテラン勢を一掃した新監督に対し、大袈裟に驚きを示す者があちこちに現れた。特に、人気ベテラン選手だったムーアの扱いをめぐり、ポステコグルーは多くの選手と直接対立することになった。結局、ポステコグルーが取締役会に最後通牒を突きつけて支持を獲得し、オーストラリア代表歴もあるスター選手のムーアの退団を認めさせた。皮肉なことに、移籍先はギリシャのカバラというクラブだった。

スコットランドの名門レンジャーズ出身のミラーも、ブリスベンを放出された。前シーズンにAリーグ年間最優秀外国人選手に選ばれたばかりで、年齢もまだ33歳だった。ミラーは多くの人と同様、ポステコグルーの力量を見誤ったと認めている。当時のポステコグルーに対しては、〝テレビで逆上したヤングサッカルーズの元監督〟という見方がまだ大勢を占めていた。

彼がフランク・ファリーナの後任に就いてから獲得した選手に関し、複数のメディアから公然とあざけりを受けていたからだ。そのファリーナがブリスベンの日刊紙『ザ・クーリエ・メール』に連載を持っていたことも、まずい方向に働いた。ポステコグルーのやり方に疑問を呈すことも珍しくなく、〝私のチーム〟に何をしてくれるんだとか、人間的に優れた選手やリーダーシップのある選手を軒並み追放したとか、代わりの選手が無名だとか、さほど大胆でない監督なら出場機会がないかもしれない若手まで出番を増やしている、といった批判を展開した。

ポステコグルーはヤングサッカルーズの監督時代、ぶつかり合いに慣れた武闘派やベテラン外国人が国内リーグを席巻し、才能の原石を磨く機会が失われていくのを目の当たりにした。多くの証言によれば、彼が選手を見る目を養い、自分の計画に対する新加入選手の適性を見極めるのに必要な見識を育むうえで、当時の経験は重要な要素になった。

ヌナワディン・シティFCのニック・ディミトラキスは、ポステコグルーが11歳の少年チームに携わっていたことについて「時間を経て気づいたことですが、若い選手と仕事をした経験は大きな強みです。これはペップ・グアルディオラのような指導者と同様、アンジェにも当てはまります」と説明した。

「彼らは自分の哲学を育成年代からトップチームに移植しました。そのおかげで、育成年代から昇格させるべき選手を簡単に見極め、トップチームで役割を与え、クラブの哲学とチームの選手層を補強できる。だから、これは大きな強みなんです。

　私が知っている優秀な監督たちにも、どの若手を昇格させるべきか見分けられない人がいます。つまり、選手の見極めが大事なんです。優れた選手が消えていくなんてことは、いくらでもあるでしょう。私の考えでは、この見極めというのは世界中で課題になっています。同じ選手でも、所属クラブによって活躍の仕方が違う理由は何か。私は選手の見極めと指導だと考えています。それから、哲学の部分を補うこともあるかもしれない。アンジェは育成年代の指導を経験し、その目を養いました。トップチームに上がるべき才能を見極めるのにも、よその国から見つけてくるのにも、それが役に立つわけです」

　ディミトラキスは、セルティックでの具体例を挙げた。

「アーロン・モーイだってそうです。アーロンとの契約は、スコットランドではあまり歓迎されなかったと思います。それでもチームに入り、不慣れな役割をこなしながら本当によくやった。アンジェはアーロンを若い頃から知っています。彼を観察し、必要な特徴があることを見極め、『私の哲学において彼はトップ下に適任だ。彼ならやってくれる』と自分に言い聞かせたのでしょう。ある選手が自分のシステムに適応し、必要な仕事をしてくれるかどうか最高水準で把握できるというのは、どんな監督にとっても本当に素晴らしい資質です」

たいていのクラブでは選手の獲得を検討する際、のちに売却する場合の価格や年齢、潜在的な利益と思惑が外れた場合のコストを経営幹部が精査する。そういう時代の市場では、自らを支える強さが必要になる。いい選手を見つけるだけなら、誰にでもできるからだ。スコットランドサッカーやイングランドサッカーに来て、環境の変化や段違いのスピード、顕著なぶつかり合いの激しさに間違いなく適応できる選手を見抜く目は、ほんの一握りの人間しか備えていない。

移籍市場は監督にとって決定的に重要だが、選手獲得に関するポステコグルーの発言は驚くほど簡潔にまとまっている。チームに必要なものがあり、それを提供する選手がいて、手が届く値段なら、契約するというだけだ。

彼はオーストラリアの動画配信サービス『スタン』のインタビューに応じた際、的確な選手を獲得するのに必要なのは「自分が望むサッカーをはっきり理解することだ」と説明した。

「よく使うたとえなんだが、私が夫婦で買い物に行くとしよう。妻はどれを選ぶべきかも、何を買うべきかもよくわかっている。でも、私は何もわからないんだ！　選手を探すときも同じだよ。私には明確な考えがある。ある選手を欲しいと思ったときは、チームに入った光景を想像する。そのイメージがしっくりくれば、大半はうまくいく。

話は基本に戻る。チームにどうプレーしてほしいか、各ポジション、各選手にどういう特性が必要なのかについて、私には絶対的な明確さがある。そのほうが、選手にとってもやりやすい。私が求めることを多少なりとも把握しておけるから、順応にかかる時間が短くなる。私が（セルティックに）連れてきた選手たちの滑り出しが順調だったので、適応が早い理由を尋ねられる。それは単に、必要な特徴を備えていることを事前に知っていたからだ。あとはゲームプランを理解させるだけでいい」

さらに、選手の適合性について説明を加えた。

「自分が何を生み出し、後世にどう評価されるのかに関しては、適切な選手を獲得することが重要な第一歩だと心得ていた。チームに合わない選手と契約すれば、話は難しくなる。だから、私が目指すチームの思想に選手が確実にはまるようにしたかった。それから、チームの年齢構成に合うことも欠かせない。これは非常に重要だった。

私は常に適合性を重視してきた。丸穴に角釘は打てない。大切なのは、ただ優れたサッカー選手を獲得することではなく、私のサッカーに合う選手を獲得することだ。古橋亨梧は一つの鍵だった。日本にいた頃から知っていた選手だ。彼がいたチームと対戦して間近で見ていたから、こっちで成功する要素をすべて備えているのはわかっていた。一人の選手としてだけでなく、彼の能力が理由だ。私のチームに合うことは把握済みだった」

ポステコグルーは周囲に優秀なスタッフを置くことも重視している。結果として、アシスタントコーチを連れずにクラブを移ることが多くなった。優秀なコーチはたいてい、自ら監督業に挑戦するため独立するからだ。ただし、顔見知りのいないロッカールームに入り、自分の考え方を浸透させて全員の思考様式を転換するというセルティックでのような挑戦を、ポステコグルー自身が好むことも理由と言える。

彼は横浜F・マリノスの監督だった頃、監督向けのウェブセミナーで次のように説明した。

「サッカー監督として長くやっていくには、その時々に意義のあるメッセージを発し続けなければならない。20年余り前に初めて優勝したとき、私には素晴らしいメッセージがあった。だが、今日まで同じメッセージにとらわれていたら、今のようにはなっていなかっただろう。考え方や信念は進化させる必要がある。新しいコーチングスタッフを入れることで、否応なくメッセージを意義あるものに更新することになる。

それが物事を整理することにもなる。自分たちのやりたいことが本当に明確になるから、やりたいサッカーに合わない提案を採用せずに済む。私が探しているのは、勇敢で、未知の領域に踏み込むことや挑戦することに前向きな人間だ。これを仕事と考えない人が欲しい。これは仕事ではない。情熱と幅広い探究心があれば、知識はついてくる。少し保守的で、ただサッカーの仕事ができれば満足だという人もいるが、私の働き方は違う。やり方に大胆さがないとか、そういう面で勇敢さがないという人間は、スタッフであれ選手であれ、私の計画には合わないだろう。

新たな選手やスタッフを入れるときは、人間性も非常に重要だ。もともと同じスタイルでプレーしていたなら話は別だが、保守的な性格だったり、自分のやり方に固執するタイプだったりすると、私たちのサッカーをするよう説得することはかなり難しい。スポーツ科学でも選手の獲得でも、私たちがすることはすべて、積極的で大胆で攻撃的なチームでありたいという願望にさかのぼる」

ポステコグルーによれば、先進的なクラブの技術部門で働く場合、スカウトたちを動かしながら自分で最終的な判断を下せるため、選手発掘の指示の出し方次第で仕事が容易になる。

彼は「自分たちが求めるものが本当に明確になっていたから、選手獲得は実にうまくいった」と説明し、次のように続けた。

「ただ得点力があるストライカーはいらなかった。求める方法でプレーできるストライカーが欲しかった。ただ体が強く、空中戦が得意なセンターバックもいらなかった。私たちが望むタイプのセンターバックが欲しかった。私がこれまでの仕事で成功してきたのは、求めるものが本当に誰の目にも明確だったからだ。

初めての監督の仕事では、自分で全部やっていた。イングランドの監督たちと同じように、移籍も、交渉も、契約さえもすべてやった。一方、横浜には優れた仕組みがあり、本当に幸運だった。私は素晴らしいスポーティングダイレクターたちや、もちろんシティ・フットボール・グループ（マンチェスター・シティやニューヨーク・シティFCの親会社で、横浜F・マリノスにも出資している）とも仕事をしてきた。シティ・グループには、世界の市場を網羅した素晴らしいスカウティング体制がある。しかし、それもすべて、求めるものが明確かどうかに大きく左右される。選手獲得の仕組みが機能するかどうかは、どんな選手が欲しいのか、どんな人物が欲しいのかについて、明確な考えがあるかどうかにかかっている。

どんな戦略を使うのであれ、どうプレーしたいのかが明確でなければ見通しが立たない。世界には素晴らしい選手があふれているから、そのうち誰が自分のシステムに合うのか把握しようがない」

第9章

進め、オーストラリア

事実として、アンジェ・ポステコグルーはオーストラリアのサッカー界やスポーツ界全体、そしてメディアと難しい関係にある……というより、真実を言えば、ほぼオーストラリア全体と難しい関係にある。そこに議論の余地はない。今の時代、さまざまな方法で愛国心を装い、批判的思考を怠る言い訳とする者が多いが、国を愛するには健全な疑いの目が不可欠だ。横柄な自国優越思考は崇高な志を必ず衰退させる。制度、文化、個人の各面で自分たちの欠点を自覚することは、そうした慢心を防ぐため極めて重要になる。

ポステコグルーはオーストラリアを愛しているが、自分たちは優れていると大言壮語し、代表チームのユニフォームに無思慮に忠誠を誓ったことは一度もない。興味深いことに、サッカルーズが前進する間、その一歩一歩につきまとってきたであろう不安定さにも、彼は決して屈していない。

ポステコグルーは自分が育ち、選手生活のすべてと監督人生の大半を過ごしたオーストラリアという国に対し、より高い忠誠を捧げている。そして、この国ではラグビーでもオーストラリアンフットボールでもないフットボール、つまりサッカーへの後押しが十分ではない。彼は拙い組織運営や虚勢で隠した弱気など、支援を妨げる幾多の欠陥を公然と批判するが、それも母国への愛ゆえだ。その一方、彼は自身が見事に指揮したオーストラリア代表への揺るがぬ信念も持ちあわせている。適切な支えを受け、ワールドカップ本大会出場だけでなく、はるかな高みを目指すべきだと考えているのだ。

2013年から2017年までのサッカルーズ監督在任中、ポステコグルーは自分の雇い主と絶えず対立していた。代表チームのプレーや成績をめぐる問題への意見を箝口《かんこう》令で封じられ、窒息寸前だったことだろう。親しい友人によれば、2015年に選手とオーストラリアサッカー連盟（FFA）の不和が起きた際、公平公正に述べた意見を撤回させられた不快感は、間違いなく胸のつかえになっていた。結局、彼は2018年のワールドカップ・ロシア大会にチームを導いたのち、自ら辞任した。世界最大のスポーツの祭典に舞い戻ることを好まなかったからではない。本大会出場だけで満足する考え方と相容れなかったからだ。

ゆっくりではあるが、オーストラリアサッカーを取り仕切る人々はポステコグルーの考え方に同調し始めている。あくまで、ゆっくりとだが。彼は今、サッカーの魅力を伝える絶好のアンバサダーと称賛されている。それどころか、オーストラリアが共和制に移行したら彼は簡単に大統領になれる、と友人や元同僚たちが冗談を言うほどの存在になっている。しかし本人は、今の立場が儚く消える可能性があることや、誰より好かれている人気者でさえ、少しのきっかけで大衆から敵意を向けられることを理解している。〝母国〟の現状について不都合な真実を告げたり、苦言を呈したりしがちな人物ならなおさらだ。

ポステコグルーがときに差別的に扱われるコミュニティーで育ったことも、忘れてはならない。彼はサッカーが〝他国〟のスポーツとされる環境で育った。偏見が公然とまかり通った時代、プララン・ハイスクールで立ち上げたチームでの努力には、無関心と敵意が入り混じった反応が向けられた。キプロスに次ぐ世界2位の規模に膨らんだギリシャ系移民の一員で、ポステコグルーやマイコーシス、ディミトラキスという名字を名乗り、家では違った言葉を話し、違った料理を食べ、奇天烈なフットボールの亜種に興じる子どもたち。彼らは常に、イングランド系オーストラリア人がつくる主流から少し遠ざけられていた。移民に対する全般的な姿勢は、過去数十年で少しずつ進歩してきたかもしれない。しかし、メディアにおけるサッカーの扱いは相変わらずだ。世界で最も人気のチームスポーツを極めて不当に蔑視し、せいぜい温情的で一時的な関心しか寄せていない、との批判がときどき巻き起こっている。

オーストラリアサッカーは自らが受け継いできたものや、豊かな歴史、自国のスポーツ史に確かに存在する権利にさえも、自信を持てずにいる。一方、自国固有の領域をサッカーに侵されたくない人々からの反発にも、根深いものがある。オーストラリアンフットボール・リーグ（AFL）を守るためのサッカー批判は、その典型だ。そして、サッカー界の自信のなさは、こうした批判をいびつな形でしばしば擁護し、助長してきた。プロスポーツ団体がトップレベルで民族浄化のような強制措置を繰り返し試みてきたことに、ほかにどんな説明があるだろうか。サッカー連盟はクラブに対し、ハイドゥクやヘラス、ユベントスといった名前を捨て去るよう直接的・間接的に圧力をかけてきた。〝潜在顧客〟や〝新規顧客〟といった世界中のマーケティング担当者が愛する人々に、好まれないと判断したからだ。

連盟は2014年にも、全国クラブアイデンティティ規約（NCIP）の下、全加盟チームにオーストラリア風の名前をつけることを義務づけた。この規約は不興を買っただけでなく、率直に言って悪法だ。ユニフォームにごく小さくあしらった旗でさえ、剥がすよう求めていた。FFAカップ決勝に進出したチームが同様の旗をテープで隠すよう求められた、という話は有名だ。メルボルン・ナイツの例では、スポンサーとなった社交クラブ、メルボルン・クロアチアの名をユニフォームにプリントすることさえ認められなかった。移民の民族や出身国に関する歴史の名残りは、すべて消し去らなければならなかった。イギリスでたとえるなら、非スコットランド系クラブが自らのルーツを称えること、さらには認知することをスコットランドサッカー協会（SFA）が禁止するようなものだ。しかもそれが、ほんの10年前の出来事なのだ。ハイバーニアンには申し訳ないが、エンブレムのハープを消して、たとえば「エディンバラ・グリーンズ」に改名してもらおう。セルティックだって例外ではない。もっとアイルランド色の弱い名前を選ぶ必要がある。

少なくともFIFAがこの馬鹿げた規約を覆すまでの5年間、イタリア系、ギリシャ系、クロアチア系、マケドニア系など、移民が設立したすべてのクラブが足並みをそろえることを強いられた。当然、そうした古参クラブは5年のうちに全国リーグから排除されていた。地域別リーグに押し込められ、均質化されたAリーグの〝フランチャイズ〟クラブに居場所を追われたのだ。

そういう事情を踏まえれば、ポステコグルーが自身の二重国籍に少しの葛藤を覚えるのも無理はない。何しろ、1970年代のメルボルンでギリシャ系移民として少年時代を過ごしたのだから。しかし、二つの母国の板挟みになった子どもたちの例に漏れず、彼はその両方の一員となり、どちらにも手を抜くことなく貢献する方法を見いだした。国を代表する仕事を通じ、オーストラリアへの忠誠を示しさえした。

選手時代、オーストラリア代表では4試合の出場にとどまったポステコグルーだが、初めてA代表の監督候補に挙がったのは実際に就任するずっと前、2000年のことだった。サウスメルボルンを率い、FIFAクラブ世界選手権の創設大会に出場して間もない頃だ。結局、この選考ではフランク・ファリーナに軍配が上がっている。その後、埋め合わせのように20歳以下と17歳以下の代表監督の座を提示されると、ポステコグルーは育成年代のオーストラリア代表を変革することを望み、チャンスに飛びついた。彼は舞台裏で多くの功績を残しながら、この仕事に7年とどまることになる。しかし、当時はAリーグ発足に代表される国内リーグの変革期で、ポステコグルーは支援を受けられなかった。さらに、全国リーグのクラブでは若手選手の出場機会が乏しく、そのことへの苛立ちも募っていった。

元プロ選手の解説者、クレイグ・フォスターとの言い争いが7分にわたってテレビ中継されると、連盟での初仕事はかなり不名誉な終わりを迎えた。しかし、ポステコグルー自身は常々、公の場でイメージを失墜させたことよりも、さらには成績不振が続いたことよりも、目立たない要因が解任の決め手になったと感じている。自伝には次のように記している。「私はNSL(ナショナル・サッカー・リーグ)を束ねていた民族的な部分にしがみつく人間、つまり〝古いサッカー〟の一部とみなされた。旧体制と分かちがたく結びついているからこそ、私のような者が新体制に居場所を得られるのだ、と……。それで、育成年代の監督を7年務め、コーチングの博士課程と呼ぶべきプログラムに取り組んだあと、私はお払い箱になった。私が積み重ねた知識はすべて、ただ葬り去られた」

この〝焦土作戦〟のような反応にポステコグルーは憤り、たびたび話題にしてきた。優れた仕事をしている人々の知識と経験を、サッカー界はもっとうまく活用すべきだと確信しているからだ。それに、彼はオーストラリアサッカーが残してきた多くの成果に強い誇りを抱いている。たとえば、世界中の国々にまねされた有名なオーストラリア国立スポーツ研究所（ＡＩＳ）のモデルは、ヨーロッパのクラブに黄金世代の選手を輩出した。さらに、その才能が集まった２００６年ワールドカップのオーストラリア代表は、ペテンで奪われたペナルティキックの１点で敗れはしたものの、ベスト８にあと一歩まで迫った。

ポステコグルーは２００４年、フランスサッカー連盟（ＦＦＦ）の選手育成機関として名高いクレールフォンテーヌを訪れた。彼は常に新たな発想を受け入れる姿勢の持ち主だが、この視察では、次世代の才能を見つけ、育て上げるための秘訣をすべて知っている国はないと確信した。そして、単純に十分に長い経験を積んだ鋭い観察眼の持ち主にこそ、しばしば重要なポイントが明らかになるのだ、との思いを強くした。彼は決して、ヨーロッパの考え方やモデルを大々的に輸入するよう提唱するタイプではなかったということだ。

その一方、オーストラリアのクラブと契約したヨーロッパ出身選手たちのリップサービスに対し、ポステコグルーは本気で不快感を抱く。たとえば、「オーストラリアサッカーのレベルの高さには本当に感銘を受けた」といった定型句がそうだ。彼は絶えず外部のお墨付きを求める姿勢を嫌い、誠実な評価に基づかない限り、こうした賛辞にまったく価値がないことを理解している。この気持ちは、スコットランドのサッカーファンにも理解できた。〝ちっぽけ〟なスコティッシュ・プレミアシップに大物選手（それどころか、マンチェスター・ユナイテッドやリバプール、アーセナルの育成出身で、初のローン移籍でスコットランドの不毛地帯に来た若手）のお墨付きを求め続ける解説者たちに、うんざりしてきたからだ。

だが、ひょっとすると、サッカルーズの監督として自身が収めた成功をオーストラリアサッカー界が活用できないことのほうが、ポステコグルーにはずっと腹立たしいのかもしれない。

彼は2013年、ドイツ人監督のホルガー・オジェックの後任に就き、翌年のワールドカップ・ブラジル大会出場を決めていたチームを引き継いだ。しかし、このチームは過去の栄光に頼りすぎたために選手層が高齢化していた。直前の親善試合では、フランスとブラジルにどちらも0対6の大差で連敗。相手が強豪だったことは批判を和らげる要素にならず、最終的にオジェックが解任された。

ポステコグルーの指揮下で臨んだワールドカップ・ブラジル大会は全敗に終わったが、チリ、オランダ、スペインとの戦いぶりは評判を呼んだ。さらに、それから間もない2015

年、オーストラリア代表は新監督の下でずっと確かな成果を上げた。アジアカップで優勝したのだ。この成功は、今日でもオーストラリアスポーツ界屈指の偉業とみなされている。優勝という結果だけでなく、自国開催で生じた興奮もその一因だ。大会は1月に23日間行われた。チケットが完売してスタジアムが埋まり、報道陣が詰めかける光景からは、オーストラリアが自認する〝フェア・ゴー（公正・公平）の大地〟が陳腐なスローガンではないと証明されたとき、この国でサッカーがどれだけ大きくなりうるかが垣間見えた。しかし、続くワールドカップ・ロシア大会予選の突破を決めたあとも、ポステコグルーは幸福ではなかった。より大きな未来図に目を向けない者たちと働くことに、満足できなかったのだ。彼が見ていたのは、サッカルーズをアジア王者で終わらせず、世界のサッカーの一大勢力にするという大展望だった。

ポステコグルーは代表監督を辞めた詳しい理由を長らく話そうとしなかったが、辞任から数年後、オーストラリア紙『ヘラルド・サン』のインタビューでついに胸の内を説明した。「あれは世代交代だった。当時、偉大な選手たちが終わりに近づいていたからだ。新たな世代を育て、新しいプレースタイルや物事の進め方にオーストラリア一丸となって挑戦する絶好期だった。

それが尻すぼみになった。最終的に、ワールドカップに出ることにしか興味がない、と非常に明確に示されたんだ。ほかのことはどうでもいい、と。その時点で『わかった。予選を突破しよう。そこで辞めて、自分がやりがいを感じる仕事をすればいい』と思った。

私を駆り立てたのは、何かを生み出すという挑戦だ。自分がやりたいサッカーという牧歌的な考え方と、結果という厳しい現実。これらを調和させるのが難しいことは承知していたが、自分にはできると確信していた。でも結局、そう考えていたのは私だけで、連盟や理事会は違っていた。そして、そこの権限は彼らにある。『すごく、素晴らしく、耳心地のいい話だ。しかし、我々はワールドカップに出さえすればいい。出場を逃せば、サッカー界にとって大惨事だ』と彼らは考えていた」

より最近では、2022年にオーストラリアの動画配信サービス『スタン・スポーツ』とのインタビューに応じた際、ポステコグルーはやや踏み込んだ説明をした。サッカルーズの変革に必要な自由を手にしたはずが、全般的な窮屈さを感じていたという。

「アジアカップで是が非でも優勝したかったのは、大会制覇がオーストラリアサッカーの転換点になる可能性があり、勝利がすべてだったからだ。EURO（欧州選手権）と同じ位置づけだった。ヨーロッパでは、たとえばデンマークやギリシャのように強豪でない国でも、EUROを獲った瞬間から進化が始まる。突如として、自分たちが何か成し遂げたという感覚が広がるからだ。

（優勝が）私に力とチャンスを与えてくれると考えていた。オーストラリアが一丸となり、

『これが今の私たちだ』と立ち上がるきっかけになると思っていた。私が望んだのは、この国が（アジアにおける）ブラジルやドイツのようになることで〔中略〕そこが出発点だった。つまり、あのとき起こったことや、それがどんな影響力を持ちうるのかを、私は読み違えたんだ。その後、ワールドカップ（ロシア大会）予選を通じ、本物のサッカー強国になるのに何が必要か理解しなかった過去を、ただ繰り返しているように感じた。単にワールドカップ予選を突破するだけでなく、アイデンティティと信念を持つことが重要だった。

あれが私の最低基準になるはずだった。『これからはアジアカップで毎回優勝することと、ワールドカップの出場権を獲得すること、アジアのトップでいることを当たり前にする』と。その扉を開ける重要な鍵を見つけられなかった」

ポステコグルーからはいつも、先見の明の持ち主でありながら普通の人間でもあり、51％の現実主義と49％の恐怖心でできた固い壁に立ち向かっている人、という印象を受ける。サッカー国としてのオーストラリアの行く先を思い描くポステコグルーに対し、連盟はサッカーという競技の運営や、サッカーが存続し、重要であり続けられるようにすることに責任を負っている。ワールドカップ出場を逃すリスクは冒したがらなかった。オーストラリア国民はクリケットやラグビー（15人制と13人制の両方）を通じて国際大会での成功に慣れており、サッカルーズがワールドカップ出場を逃せば猛烈な批判と否定は避けられない。しかも、サッカーを叩く機会を探しているメディアの有力者は皆、大喜びでその批判を後押しするだろう。

オーストラリアサッカー連盟の現会長クリス・ニコウは、ポステコグルーが監督だった当時、一連の出来事すべてに理事として立ち会った。ニコウは安全なプレーを求める圧力がかかることを理解する一方、ポステコグルーの言い分もわかっていた。子どもの頃からの友人だったからだ。2023年初めにニコウを取材した時点で、二人が知り合ってから45年もたっていた。

2018年ワールドカップの予選突破直後にポステコグルーが代表監督を退いたことに関し、ニコウの説明は単純だった。

「アンジェに対する唯一のKPI（重要業績評価指標）は、本大会の出場権獲得だった。オーストラリア人監督としては初めての予選突破だ。それまでの予選突破では、ホルガー・オジェックとピム・ファーベーク、フース・ヒディンクが監督だったからね。

アンジェはすでに、ブラジル大会でワールドカップ監督を経験していた。仮にロシア大会が初めてだったら、辞めなかったかもしれない。本人に尋ねたことはないが。でも、アンジェはいつも挑戦を望んでいる。それが日本に行った理由であり、セルティックに行った理由だ。

（2017年の）あの予選は厳しかった。それで、苦戦もしたし、大陸間プレーオフに回ることにもなったが、彼はチームを本大会に導いた。それ以外は求めようがなかった。

アンジェはブラジル大会直前に就任し、翌年1月に自国開催するアジアカップも視野に入れながら、手元の戦力を精査する必要があった。大会時点でピークを過ぎていたであろう選手もいたが、アンジェは選手の力を最大限に引き出したと思う。私としては、彼は新しい挑戦を望んだのだと本気で考えている」

ニコウは2007年の出来事にも言及した。

「今、ヤングサッカルーズでの出来事を振り返ると、結果に至るまでのまずさがアンジェの責任にされたことは非常に不当だったと思う。なぜなら、彼はものすごく優秀な指導者だからだ。魔法使いではないかもしれないが、それに近い。しかし、あのチームは（U20ワールドカップの）出場権を逃した。だから監督が責任を問われる。ただ、あのメンバーでアンジェに望めたことは、実際と比べてそう多くなかったと思っている。当時の経緯については、国内でさまざまな指摘がある。たとえば、オーストラリアでは単純にチーム数や試合数が足りないせいで、スコットランドのように若手選手の出場機会がない。国内大会はAリーグの年間27試合だけ。スコットランドはリーグ戦38試合にカップ戦が2大会あり、クラブによってはヨーロッパの大会もあるから、選手の出場時間が増える。

アンジェはあの出来事のあと、さっさとタオルを投げることもできた。それでもサッカー界に踏みとどまったことを皆がとても喜んでいる。私たちが去年、アンジェをオーストラリアサッカー連盟の殿堂に入れたことからも、彼をいかに評価しているかがわかるだろう。アンジェは選手として非常に優れ、成功を収めた。キャプテンだったことは、彼のリーダーシップを示している。だが、やはり監督として際立っている。彼の指導を受けた選手の多くが、自ら監督の道に進んだ。横浜でアンジェの後任に就いたケビン・マスカットは、その好例だ。ほかにもいる。アンジェは自ら、ハリー・キューウェルをセルティックのコーチ陣に加えた。これがハリーにとって紛れもない恩恵になることは、誰もが知っている［訳注：キューウェルは2023年末、マスカットの後任として横浜F・マリノスの監督に就任した］。アンジェは監督としてワールドカップに出場した経験も、その後にワールドカップ予選を突破した経験もある。アジア予選には特有の難しさがあるから、本大会の出場権獲得は決して容易ではない。しかし、アンジェの影響力はそのサッカースタイルや、サッカーはどうプレーすべきかという信念、サッカーの面白さにある」

もちろん、ただ面白いサッカーをするだけではない。本書で見てきたように、ポステコグルーがピッチを幅広く使うサッカーを実践できるチームをつくるのは、それがトップ・オブ・トップの相手と渡り合う唯一の方法だと信じるからだ。それに、世界一のスポーツ大国を自認する理由に恵まれたオーストラリアでなら、野心的な構想も比較的受け入れられやすそうに思える。彼のもう一人の旧友・元同僚で、連盟のマーケティングを統括するピーター・フィロプーロスが端的に認めるとおり、志を高くするだけでなく投資を増やし、もっとオーストラリア人らしく堂々とサッカーの地位確立を目指せ、という絶え間ない主張は、決して無茶な発想ではなかった。

「アンジェは正しい」とフィロプーロスは語る。

「私たちは少しずつ勝利に向かっている。現状は、アンジェが国内で監督をしていた頃とは比べようもない。はるかに改善した。まだまだ先は長いがね。NRL（ナショナル・ラグビー・リーグ）とAFL（オーストラリアンフットボール・リーグ）が大手タブロイド紙に確かな足場を築いていて、それが大きい。世評はタブロイド紙が決めるからだ。

しかし、私の考えでは、私たちは勝利に近づいている。具体的には、草の根の戦いで勝っている。14歳から24歳の競技参加率では私たちが全スポーツの1位だし、サッカーへの興味はNRLの3倍、AFLの2倍だ。だから、サッカー界は発展しているし、文化ができていると思う。成長もしている。参加率がこれほど伸びているスポーツは、国内では例がない。選手育成の成果も出始め、世界の舞台で活躍するタレントも出ている。マチルダズ［訳注：サッカーオーストラリア女子代表］とサッカルーズは、全スポーツのオーストラリア代表チームに対する愛着で上位3種目の2種目を占めている。女子ワールドカップの開幕もすぐそこだ［訳注：オーストラリアは2023年7月20日から8月20日まで、ニュージーランドとFIFA女子ワールドカップを共催した。オーストラリア代表は4位だった」。変化が始まろうとしている。大きな流れが来ようとしているんだ。

アンジェの今の活躍は大きな後押しになる。アテネに生まれ、幼い頃に家族とオーストラリアに渡り、選手時代のすべてを地元コミュニティーで過ごしたアンジェ・ポステコグルーという人物が、世界でもトップレベルのブランド力を誇るサッカークラブで監督をしている。この事実はオーストラリアに希望を与えた。ここには国内サッカーの頂点だけでなく、世界に続く道がある。私はそう確信している」

ポステコグルーの支持率はほぼ100%で、オーストラリアサッカーをめぐる雰囲気も楽観的だった。しかも、サッカルーズはその後、2022年のワールドカップ・カタール大会でベスト16まで進み、敗れた相手も優勝国アルゼンチンという健闘を見せている。こうなると、当然の疑問が湧いてくる。連盟はなぜ、少しの時間と理解を求めているだけの監督を慰留できなかったのだろうか。ポステコグルーが名誉ある仕事から離れるよう駆り立てられるなんて、一体どんな理由がありえたのだろうか。

興味深いことに、フィロプーロスはポステコグルーが代表監督を退任する約2年前、2015年9月の出来事に言及している。彼は労働協約をめぐる代表選手と連盟のいさかいで板挟みに陥った際、公然と不満を表明した。運命を分けるワールドカップ予選に影響が及ぶ事態を招いているとして、対立する双方の未熟さを批判したのだ。パースでの宣伝イベントへの参加を選手数人が拒んだことを受け、その原因となった論争に不満を示したが、どちらかに味方したわけではない。そして、そのことが問題視された。

連盟は数時間後、ポステコグルーが発言を撤回したとの声明を出した。人質が無理やり読まされたような文面だが、ポステコグルー自身の発言として次のように記している。

「私はＦＦＡ（オーストラリアサッカー連盟）の上席職員として、自分の発言が不適切であったことを理解します。私はこの問題について、自分が中立の立場にいてはならないことを認識しています。サッカルーズというブランドの商業的実績は、マッチメイクや技術の発展、スポーツ科学人材への投資規模に直接影響を及ぼすからです。

本件において、ＰＦＡ（オーストラリア・プロサッカー選手協会）は商業活動のボイコットを実行しました。これはコマーシャルパートナーに直接影響を及ぼし、サッカルーズの活動計画に避けがたい不利益をもたらします。

私の昨日の発言は苛立ちから出たものです。パースで私たちを困惑させた遺憾な状況については、ＰＦＡに起因すると認識しています。ＦＦＡが関係者に自らの立場を説明するため、対応を強いられたことを理解します。私はＰＦＡに対し、今後一切、このような方法でサッカルーズを標的にしないと約束するよう求めます」

お気づきのとおり、この声明には読み解くべきところが多い。一連の言葉は紛れもなくポステコグルー本人が話した、または書いたものを連盟が公式発表した。彼は発言の撤回を強いられただけでなく、難しい予選で指揮していく、まさにその選手たちを糾弾する言葉の主として、名前を載せられたということだ。静かなメルボルンの午後、ポステコグルーが代表監督退任を決断した裏にある複雑で混み入った理由に話が向いた際、なぜフィロプーロスがこの出来事を振り返ったのかはご理解いただけるだろう。

フィロプーロスは話を続けた。

「パースにいたのを覚えている。労働協約をめぐるPFAとの議論が大きくなっていて、交渉の進捗は芳しくなかった。予選直前には新聞紙上で激しい言葉の応酬もあった。それで、アンジェが記者会見で『この問題について、ご自身はどうお考えですか?』と質問された。アンジェの答えは非常に率直だった。『少なくとも公の場において、この話題をワールドカップ予選に持ち込まずにいられると思っていた。この議論は代表チームの集中を乱すので、一旦休止して、予選を突破してから再開するという程度には、サッカー界として大人の振る舞いができると思っていた』と言ったんだ。

それで、当時の理事長が公然とアンジェを非難し、立場を自覚する必要があると言った。あんな発言すべきではなかった、と。私が思うに、連盟との関係が終わりに向かったのは、あの瞬間だった。本人は決して言わないが、私はアンジェを知っている。それに、アンジェがやりたいことに関して、十分なサポートもなかったと思う。アンジェには強固な哲学がある。やりたいことも、希望のやり方もある。それに対する支えが足りなかったと私は考えている」

ポステコグルーは今、誰にとがめられることも懸念せず、おそらく首相さえも恐れずに、オーストラリアサッカーについて自由に考えを表明できる。そして、母国におけるサッカーの扱いを変えるため、遠くから火を起こそうとしている。

たとえば、オーストラリア代表がワールドカップ・カタール大会でグループリーグを突破したとき、夜明け前の母国では人々が歓喜に沸き立った。メルボルンにあるフェデレーション・スクエアの映像が世界中のメディアで流れただけではない。オーストラリアンフットボールに支配された国内メディアでさえ、サッカルーズを最優先で扱い、速報を打ち、スポーツ欄で取り上げた。すべてが可能に思える状況が、少なくとも数日間続いていた。

一方、ポステコグルーは心のこもった祝いの言葉を選手たちに贈ったあと、すぐに警告を加えた。

「こういうことは過去にもあった。通常、報道が落ち着くまで1週間かかる。サッカー界の課題は、彼らが生み出した衝撃を生かすことだ。残念ながら、過去のチャンスは逃してきた。教訓が忘れられていないことを願っている。

大事なのは、政府の支援を取りつけることと、ほかのコード［訳注：原始フットボールから派生した各種競技のこと。ここではラグビーやオーストラリアンフットボールを指す」のような人気競技と同等の扱いを受けることだ。事実として、ほかのコードは世界中に普及しているわけではない。サッカーこそが、世界の注目をオーストラリアに引き寄せるフットボールだ。財布の紐を握っている人々はそのことを理解し、自分たちがサッカーを支援すれば、今週目撃したことが氷山の一角になると知る必要がある。午前3時のメルボルンの光景を見ておくべきだ。これはサッカーの強化にとどまる話ではない。オーストラリアが国として強くなるということだ」

オーストラリアサッカーを強くするという展望を実現するには、難しい交渉を二つか三つクリアする必要があるかもしれない。あるいは、連盟が1件か2件、謝罪をしなければならないかもしれない。サッカー界にとって賢明な選択は、ポステコグルーに助言を求めることだ。彼は日本とスコットランドで成功を収め、オーストラリアスポーツ界で特別な地位を得た。プランで育つギリシャ系移民の少年だった頃には、そんな日が来るなど、ちょっと信じがたいどころか、ありえないことにさえ思えたはずだ。

サウスメルボルンFCの元会長で、昔の〝民族的クラブ〟の全国リーグ復帰を求めてきたニック・ガラタスは、ポステコグルーが国民に愛されるようになったことを喜んでいる。

「とても、とても誇らしい。それは否定しようがない。アンジェの話は、あらゆる面でギリシャ系コミュニティーの枠を超えた。アンジェはもうオーストラリアのものであり、オーストトラリア人になっている。彼が自分の仕事をするだけで、意図せず国を一つにしている様子は非常に喜ばしい。彼はサッカー界を一つにした。

私のようにアンジェと同じ頃に育った世代、同世代か近い世代には、自分たちの仲間が出世したように見えている。ある意味で、すべてのオーストラリア人がそう感じている。ライアン・ギグスがマンチェスター・ユナイテッドに入り、ガレス・ベイルがチャンピオンズリーグで優勝するのは、ウェールズ人にとって嬉しいことだろう。リベリア人がジョージ・ウェアをどう思っているかはわからないが……アンジェなら大統領にだってなれるはずだ！　オーストラリアがついに共和国になればの話だがね！」

サッカルーズの元キャプテンで、代表史上屈指の名選手と広く評されているポール・ウェイドもまた、ガラタスに劣らず熱狂的に語ってくれた。話題となったのは、母国のサッカー界に及ぼすポステコグルーの影響力だった。また、かつてサッカーが脇役であることに満足していた国を変えるために必要な、揺るぎない哲学にも話が及んだ。フル代表だけで84試合、オリンピック代表を含めると118試合の国際試合に出場したウェイドは「アンジェはとても進歩的だ」と評している。

「かつてサッカルーズの監督だったフランク・アロックは、0対1の惜敗で満足していけないと言った。それで変化が起こり、選手に信じる気持ちが芽生えた。アンジェは今、（ワールドカップで）ベスト16に入るだけでは不十分だと、俺たちに信じさせようとしている。俺たちを21世紀に連れて行こうとしている。現状に満足している人たちもいるが、アンジェは違う。

俺を含め、リーダーシップをテーマとする講演では誰もがアンジェの言葉を引用する。だが、アンジェは何千人、何万人もの人々をまとめ、同じ信念を抱かせている。素晴らしい光景だ。オーストラリア人監督があのレベルに達するなんて、見たことがない。それを今、この目で見ている。すべてを知った気になっていた人々をアンジェが啓発していく様子を目にするのは、素晴らしいことだ。あいつのしていることが、とにかく誇らしい」

ヨーロッパで活躍する同胞の姿に国旗がはためき、国民的な誇りが醸成される一方で、幾人かの新星が現れているのは間違いない。しかし、オーストラリアサッカー界はポステコグルーを日本に飛び立たせてしまった代表チームを今も嘆き、悔やんでいる。

彼のアシスタントコーチを長く務めたピーター・クラモフスキーは「アンジェを引き止められなかったことは、オーストラリア全土が悔いていると思います」と語る。「これは決して言い過ぎではありません。もう一度、アンジェとワールドカップに行けたら最高だったでしょう。当時の代表チームはその準備ができていましたし、それを渇望していました。代表でやっていることを、全員が信じていましたから。サッカーではときに不思議な状況に陥る。起こってほしいことが起こらなかったあとで、各々が別の道を行く羽目になる」

大きな皮肉を感じて当然の事実だが、アンジェ・ポステコグルーが日本、スコットランド、そしてイングランドに渡ることは、自身の世界的な評価を高めるだけでなく、サッカー国としてのオーストラリアの気概を示すために必要なことだった。オーストラリアサッカーの英雄が皆、オーストラリアサッカー連盟のウェアを着ているとは限らないのだ。

オーストラリアンフットボールやラグビー、クリケットなど、あらゆる競技を愛する筋金入りのスポーツマニアのポステコグルーは、サッカー界における自国の地位、そして自国におけるサッカーの地位を高めるため戦い続けるだろう。そこでは対立も起こる。

ポステコグルーは前出のクレイグ・フォスターとすでに和解し、難民対応の改善という共通の関心事で連帯している。かつて強硬な質問を繰り返し、連盟との1回目の別れを引き起こしたフォスターに対し、ポステコグルーは興味深い見解を示した。オーストラリアに今も残る、サッカーへの見方のことだ。

「海外に永住したオーストラリア最高レベルの選手の多くと、よく話をする。彼らが失望している一因に、帰国しても受け入れ側のサッカー環境が芳しくないことがあると思う。もう少し期待できるはずなんだが。年齢が一番上という意味では、私は同じ境遇にある者の先頭にいる。将来的にもっと受け入れ環境が整うことを望んでいるが、そうなるという確証がない」

つまり状況は複雑で、これまでと同じということだ。

運命の一戦

オーストラリア（2−1）韓国
2015年1月31日
アジアカップ決勝

ポステコグルーは今、この勝利について、チャンスを逃した出来事として振り返る。キャリア最高の瞬間であり、サッカルーズのスタッフからは監督業における傑作と評される試合だったのだが。ポステコグルーは常に大きな構想を描いている。2015年のアジアカップに関しては、自国開催の主要大会での栄冠によって国民の関心をとらえ、オーストラリアを紛れもないアジアのサッカー大国にできると信じていた。彼の考えでは、シドニーのスタジアム・オーストラリアで決勝を制した直後のあの時間こそ、不満の始まりだった。そして、オーストラリアサッカー連盟の志のなさに対する不快感は、2018年ワールドカップ予選突破後の監督辞任につながった。

しかし、あの熱狂のなかで不満など感じるものだろうか。というより、延長線の末の勝利というスリル満点のドラマと歓喜を楽しめないのなら、違う仕事を探す必要があるだろう。これはサッカーにおける至福の出来事であり、監督の業績としても多くの人の記憶に残る影響力があった。

対戦相手の韓国にはグループリーグで0対1の惜敗を喫していたが、決勝戦は1対0のリードで後半アディショナルタイムを迎えた。ソン・フンミンが同点弾を決めたときには試合開始から90分が経過し、興奮した観衆が試合終了の笛を求めて声を上げていた。サッカルーズにとっては痛恨の一撃だ。しかし、これでノックアクトに至らなかったことは、大きな構想を描きながら細部に余念のないポステコグルーの指導の成果だった。

彼は大会開幕まで数カ月間、ほぼ毎回のチームトークや練習、分析ミーティングで、オーストラリアサッカー史に自分の手で特別な章を書き加えるチャンスだと選手たちに強調した。さらに、その試練への備えも進めていた。選手に精神的な強靭さを身につけさせるため、2014年のワールドカップのあと、国際親善試合を活用したテストマッチをすべて国外で組んだのだ。本人はこれを「6カ月のロード」と称していた。また、代表チーム専属のスポーツ科学専門家だったクレイグ・ダンカンがあらゆる面で中心的な役割を担い、選手に助言を与えるだけでなく、自分たちの強さを絶えず思い起こさせていた。彼らはすべての出場チームで最高のコンディションにあり、その事実を自覚していた。裏づけとなる数値をダンカンが示せたからだ。

そのため、ポステコグルーは決勝戦での危機的瞬間において、大きな物語と単純な事実に立ち返ることができた。彼が必要としたのは、監督人生のなかでも指折りの短いスピーチだけだった。

ポステコグルーはフルタイムの笛から延長戦までのわずかな時間、自らも同点に追いつかれた失望感と闘いながら、考えをまとめるため選手やスタッフと距離をとった。約8万人が詰めかけたスタジアムで、彼は一人きりになった。そして、韓国の選手たちが水と情報を与えられながら、芝生に座り込んでいるのを目にした。自分の選手たちが同じように肉体的、精神的に疲弊していないことを祈りながら踵を返すと、彼らはまっすぐ堂々と立ち、なかには水を断る者さえいた。準備はできている。君たちはやり遂げる。それ以外に伝えるべきことはなかった。

ポステコグルーは自伝で、延長戦に向けて手を打つ猶予は30秒しかなかったと振り返っている。彼は選手たちを呼び集め、ピッチ上に点々と座る相手チームを見るよう促した。「相手は座り込んでいるぞ。ワールドカップから半年間、ずっと言ってきたことすべてが今につながっている。私たちのほうが強く、コンディションもいい。クレイグが話してきたとおりだ。自分の目で見てわかるだろう。こっちには向こうよりも信念がある。自分たちが何を目指してきたのか、わかっているからだ。目指すことは少しも変わっていないし、それが今にも実現しようとしている。今日までの1カ月、この瞬間のために1分も無駄にせず努力してきた。準備はできている。君たちは勝つ。そして、このアジアカップはさらに記憶に残るものになる」

オーストラリア代表のアシスタントコーチだったピーター・クラモフスキーは、友人であり師でもあるポステコグルーについて、アジア大会の開幕前から閉幕までに見せた感情的知性（EQ）こそがほかと一線を画す要素だと確信している。彼がしたことに偶然の産物はない。ポステコグルーは親しい同僚と話すときでさえ口数が少ないことで有名だが、他者が心の内を明かすことには臆さず自由を与えていた。アジアカップ開幕前の合宿中、全員の前でスピーチをするよう選手一人ひとりに求めたのには、そういう理由があった。スピーチでは、サッカーを始めた経緯や、支出を切り詰めてサッカーシューズ代や大会の遠征費を貯めていたかもしれない両親への感謝、代表選手であることの意味に話が及んだ。その場にいた当事者たちは、深く心を揺さぶるミーティングだったと語っている。

ポステコグルーはこうした場を意図的に設けていた。出場時間や好不調の波、日々の幸運や不運など、大会期間中にまったく異なる経験をするであろう選手たちに仲間意識を醸成するためだ。クラモフスキーはその様子を振り返り、シンプルに説明した。

「あれはアンジェの仕事における最高傑作でした。アジアカップ前の準備合宿の期間は35日前後で、その後はもちろん臨戦体制に入りました。そして、毎日のメッセージの伝え方や、チームのアイデンティティの築き方、集団としての目標の定め方を見て、彼の最高傑作だと感じたんです。アジアカップ決勝は大一番で、決定的瞬間だったと誰もが言います。たしかに、あの試合に優勝がかかっていましたが、自分たちは優勝すると悟る瞬間が大会中に何度もありました。私のなかに何かがあった。勝つと感じ、確信していたんです。

アンジェが監督だった頃、勝てない時期が10カ月ありました。アジアカップ前のことです。ただし、ここがアジアカップを最高傑作と呼ぶ理由ですが、勝てなかったのはアウェイでの試合を最大限に増やすことを選んだからです。そうすることで、選手たちの移動が楽になることも期待できました。厳しい試合もありました。ベルギーとのアウェイ戦や、ドイツとのアウェイ戦。日本とは2回、アウェイで対戦していますす。代表チームにとって本当にいいマッチメイクでしたが、勝利からは10カ月遠ざかった。そして、それがアジアカップにつながっていました。そういう計画だったんです。アジアカップが始まってホームでの試合になれば、特別な結果を生むだけの勢いは自ずと生まれる。だから、あえてそこから離れたわけです。皆がアジアカップ決勝の話をしますが、それまでに多くの仕事があり、すべてがあの瞬間に結びついていた。リーダーとして、人間として、監督としてのアンジェの卓越性を示す一例です」

第10章
監督業は孤独だが、仲間がいる

選手やコーチ陣との関わり方について、アンジェ・ポステコグルーの冷徹、冷血、冷淡な姿勢をめぐる逸話は半ば伝説化している。それもまた、本人の望みどおりと言っていい。すべては計画の一部ということだ。気後れも贔屓目もなく率いるべき相手との間に壁を設ける価値を、彼は理解している。自分が命運を握る相手と距離を取ることの重要性を認識し、仲間意識を抱かせないことを重視している。ポステコグルーには、自分の結論を絶対的な決定事項にできるだけの権限がある。だからこそ、サッカルーズから年長選手たちを一掃したとか、往年のスター選手と廊下ですれ違うときに会釈もしないとか、スタッフとの親睦会の誘いをことごとく断るとか、Aリーグ時代は選手に恐れられるあまり、国内遠征の飛行機で彼の隣でない席が取り合いになったとか、そういう誇張や脚色を静かに受け入れている。2022／23シーズン、出場機会の少ないセルティックの選手たちに不満を抱かせない方法を尋ねられた際は「この質問をされると笑ってしまう。どうしろというのか。選手に紅茶でもいれてやれと言うのか？　選手の奥さんたちに花でも贈れと言うのか？」と答えた。それがポステコグルーという人だ。その場所の誰よりも重要で、誰よりも優れ、誰よりも揺るぎない人間として全員に認識されることには、明確な意味がある。

しかし、当然ながら、ポステコグルーには違った一面もある。神のような威厳で怒鳴りながら指示を出し、仕込みどおりに動く子分たちに常時絶対の服従を強いる古く厳格な監督像と比べれば、彼は進化の過程を何段階も隔てたところにいる。親しい友人たちに話を聞けば、その温かさについて快く、そして熱心に語ることだろう。また、これから身を立てようとする若手監督に親切を施した例は無数にあり、ポステコグルーは指導者や助言者の役割を果たすようにもなっている。さらに、時代遅れの考え方に今の選手たちが応じないことも理解している。たとえば、2000年代初めまではイングランドのプレミアリーグにさえ、怪我人を仮病扱いし、治療室が不快になるよう暖房を切っておいたり、病院の診療予約をわざと通勤ラッシュに重ねたりするクラブがあった。しかし、彼にそういう発想はない。

ただし、ポステコグルーの人物分析で外せない最重要ポイントはほかにある。それは、彼がサッカー以外のプロ監督たちと驚異的な相互支援ネットワークを築き上げていることだ。

本人はそれを「監督たちの自助グループ」と呼んでいる。伝説的なラグビー監督のエディ・ジョーンズなど、トップ指導者が毎月のＺｏｏｍミーティングに集い、自分が選んだ仕事にまつわる日々の不満について気楽に愚痴を言い合っているのだ。この賢人会議を発足させた人物によれば、ラグビーのオーストラリア代表をワールドカップに導くことと、オーストラリアンフットボール・リーグ（ＡＦＬ）のチームを率いてプレーオフに進出すること、セルティックでチャンピオンズリーグ出場を目指すことの間に大きな違いはない。当人たちの言葉を借りれば、すべては「違うカゴに入った同じクソ」だそうだ。どうやらオーストラリア人には、女王陛下や国王陛下がお話しになる言語をユーモアや即興で汚す能力が生まれつき備わっているらしい。この才能は、たとえ渋々にでも称えられてしかるべきだろう。

ポステコグルーに関し、外せないポイントがもう一つある。それは、意図的にスタッフと距離を置く代償を本人が鋭く認識していることだ。自伝を読むと、アウェイ戦に向けて前泊する際、自室にこもってコメディ映画の再放送を見ながらルームサービスの食事を摂るよりも、コーチ陣とハンバーガーやビールを囲み、長い夜を過ごすほうがずっとよかっただろう、と記されている。また、豊かな人生を送るという意味では、素直に内面を打ち明け、周囲の人をより深く知ることで膨大な恩恵があっただろうと認めてもいる。

それでもなお、ポステコグルーはこのやり方を追求すべき哲学として選び、必要なことと考えている。本章冒頭の逸話には長年のうちに脚色された部分もあるかもしれないが、話に尾ひれが生えた理由は本人の選択にあった。その結果、本書の取材に応じてくれたほぼ全員が、自分は何か監督の機嫌を損ねることをしただろうか、と心の底で不安を覚える経験をしていた。たとえば、あるアシスタントコーチがヤングサッカルーズでの約2週間の遠征後、なぜポステコグルーは自分に一言も話しかけないのか、とチームマネジャーに尋ねたところ、「それなら問題ないよ。心配しなきゃいけないのは、むしろアンジェから何か聞かれたときだ」と言われたそうだ。この種のエピソードは繰り返し耳にした。

その一方、こうしたビジネスライクなやり方にポステコグルーは限度を設けている。これもまた、取材中に交わした無数の会話でわかったことだ。選手たちは、自分が個人的な問題を抱えた場合、彼ができる限りの支援をしてくれることを知っている。それに、一人ひとりがサッカー選手として成功できるよう、彼が心血を注いでいることも知っている。ただ単に、それが目に見える形で示される頻度には、さほど期待していないというだけだ。

ポステコグルーは自分と同じと思える相手にしか、自分の内面を明かさない。それはつまり、自分が何を経験しているのか、正確に理解できる優れた指導者や監督たちのことだ。ポステコグルーは事が思いどおり運ばないときの自身の不機嫌ぶりが世界トップレベルに入ると自覚し、月例のZoomミーティングは本当に助けになっていると認めている。しかし、「自助グループ」の会合は、ただ不満を発散するだけの集まりとは到底呼べない場になっている。毎回の賢人会議で知識を交換し、批判が受け入れられ、新たな自信を得られることは、指導者にとって黄金の価値がある。

笑い話に脱線することもあるが、本書の読者にとっては大金を払ってでものぞき見したい会話だろう。グラスゴーダービーの前、レンジャーズに爆弾発言を放り込めとポステコグルーに言い聞かせるエディ・ジョーンズ——たとえばそんな光景を、画面越しとはいえリアルタイムで観察できるのだから。ひょっとすると、まさにそういう提案をジョーンズがしたことに心当たりがある、という人もいるかもしれないが。

これはトップのスポーツ指導者によるシンクタンク型グループセラピーであり、最初はアリーダ（Aleda）という企業の経営者の友人のために開催された。奇遇だが、この社名の由来は「導く」「教える」という意味の古スコットランド語〝alede〟だ。ラグビーやバスケットボール、オーストラリアンフットボール、そしてサッカーなどの競技から大物たちが集う会合には、たしかに導きや教えがあふれている。そして、最初の事例が成功したことで、自分も同様のグループに参加したいという世界的指導者が長蛇の列をなした。たとえば、アーセナルの現監督であるミケル・アルテタもその一人だ。

グループの発足には、ポステコグルーの選手時代の後輩で、スポーツ科学とコンディショニングの専門家に転身したティム・シュレーガーも携わった。シュレーガーはその背景にある考えを次のように説明している。

「スティーブン・ジェラードがまだレンジャーズの監督だったら、アンジェが考えを打ち明けるわけにいかないだろう？　特に監督がそうだが、スポーツ指導者はたいてい、自分は孤独だと口にする。バスケットボールだろうが、クリケットだろうが、AFLだろうが、ここに違いはない。それが突然、自分の状況をほかの監督たちに話していい場所に連れていかれる。そこにいるのは〝同じクソ〟に煩わされている同業者ばかり。それでも彼らは、さまざまな個性や人間性の選手たちを束ね、勝ちを目指し、クラブ経営陣とやり合い、サポーターに対処している」

シュレーガーは、グループが生まれた経緯にも言及した。

「俺の親しい友人にルーク・ダーシーがいる。AFLのウェスタン・ブルドッグズの元キャプテンで、本当にすごいやつだ。それで、誰とつながることができるかを、あいつが教えてくれた。そのルークが、アリーダという素晴らしい会社にいたんだ。アリーダは最初、実業・企業の世界で専門的人材の成長支援や経営戦略、リーダーシップに関する事業を多く扱っていた。元プロスポーツ選手のルークを採用したのは、スポーツ分野の知見を事業に取り入れるためだ。ところがその後、違った競技の監督5～6人をグループにするというアイデアが浮かんだ。そして、俺はアンジェがスポーツ大好き人間だったことをよく覚えていた。このアイデアに彼はぴったりだったんだ。最初のグループはクリケットのオーストラリア代表監督だったジャスティン・ランガーたち数人で、基本的に毎週2時間、計6週間を一緒に過ごした。ルークはちょっとした不安を参加者に自覚させ、個々の実情を話させるのがうまい。それで、明らかにお互いへの信頼ができて……。

アンジェが『監督たちの自助グループ』と呼んだように、全幅の信頼を置く支援グループができるわけだ。同じ道を歩む者同士だから全員が自分を理解してくれて、心を開いて話ができる。自分が聞く側に回り、アドバイスをすることもできる」

ポステコグルーに関しては、古い知人たちでさえ「あまり手を煩わせたくない」という言葉をたびたび使う。シュレーガーも同じ表現で、彼に気後れがあることを認めている。そこで、シュレーガーは優秀なコンサルタントたちの常套手段に倣い、人を頼った。元オーストラリア代表選手で、ポステコグルーが契約しているエージェント会社の代理人、ビンス・グレッラに仲介を求めたのだ。

「ある晩、ビンスと話していた。あいつはまさしく古典的な守備的ミッドフィールダーで、率直に物を言う性格だ。それで『アンジェと来週会うって聞いたけど、どうなんだ?』と切り出し、一通り説明した。俺自身も関わりがあったから、アンジェのことは知っている。だから『アリーダの話を伝えてもらいたい。アンジェはスポーツが大好きだし、プロフェッショナルの能力開発をすごく重視している。絶対気に入るはずだ。仲間に入れるのに手を貸してくれ』と頼んだんだ。ビンスは最初、乗り気じゃなくて、『嫌だね。こんなことするのはごめんだ！』と言われた。こっちは『いやいや、助けてくれよ。アンジェにとって環境が一変するくらいの効果があるから』と食い下がったよ。それがアンジェの参加につながったわけだ」

シュレーガーは話を続けた。

「アンジェのことでいつも思い出すのは、スポーツが大好きだったところだ。AFLが盛んな土地で育ったギリシャ系移民なのに。そういう人はたいてい、ヨーロッパと違ってサッカーがAFLの下の二番手にいることや、バスケットボールやほかのスポーツと地位を争わなければならないことに不満がある。でも、アンジェはサッカー以外のスポーツも好きだった。ルークから電話がきて『エディ・ジョーンズが入った。それに、ニール・クレイグも入った。AFLの名監督だった人だ。あと、ウェスタン・ブルドッグズの監督のルーク・ベバリッジもだ。アンジェも来ると思うか？』と聞かれた。まさに波が生まれているのがわかったから、『ああ、気に入るよ。スポーツが大好きだから』と即答したよ。

ブライアン・ゴージャンという有名なバスケットボール監督も候補者だった。アメリカ生まれのオーストラリア人で、2020年のオリンピックでオーストラリア代表を銅メダルに導いた人だ。直接電話したら、すぐに参加が決まった」

グループ結成後の話もしてくれた。

「ニール・クレイグとエディ・ジョーンズが（セルティックの）試合を見に行って、アンジェとウイスキーを飲んだって聞いた。それから、ブライアンとは本当にしょっちゅう話す機会があるんだが、スカイプでのやりとりが印象に残っている。いかにもアメリカ出身らしく『なあ、昨日の晩にアンジェのやつと話したんだが、あいつはすげえよ。このグループの最高なところは、いきなりほかのスポーツに興味が湧くことだ。実際、昨日の夜はセルティックスとレンジャーズの試合なんて見ちまったよ！』と言っていた。ちゃんと『ブライアン、複数形にしないでくれ。セルティック《ヽヽヽヽヽ》だから。それで、相手がレンジャーズ。ボストンのバスケットボールチーム（ボストン・セルティックス）とニューヨークのアイスホッケーチーム（ニューヨーク・レンジャーズ）の対戦じゃないんだから』と訂正しておいたよ」

シュレーガーはグループの様子がよくわかる実例として、バスケットボールのオーストラリア代表（通称〝ブーマーズ〟）がオリンピック準決勝でアメリカ代表（通称〝ドリームチーム〟）に敗れた直後、ゴージャンが具体的なマンマネジメントの問題を相談したエピソードを挙げた。3位決定戦に向けて最適な口調で選手たちに話をする必要があり、優しく包むような語り口にするか、本人の言葉を借りれば「ひっぱたく」ような調子にするか決めかねていたのだ。この問題について、エディ・ジョーンズやアンジェ・ポステコグルーの知恵を借りるのを想像してみてほしい。当然のごとく「ひっぱたく」ほうが選ばれた。そして、ブーマーズは銅メダルを獲得した。ゴージャンはいつも、選手たちを奮起させようとしていた。彼に必要だったのは、ただ背中を押してもらうことと、仲間たちからの支えだった。

ポステコグルーに話を戻すと、彼がグループから受け取り、グループに加えたものは何だったのだろうか。シュレーガーは次のように語っている。

「去年、セルティックの試合を見に行ったときに、何人かで役員室を訪ねた。部屋の奥にいたアンジェに監督グループの感想を聞いたら『ああ、あれはすごくいいぞ』と返ってきた。特に目を引くのが、その発展ぶりだ。アンジェのところは2組目だった。今ではミケル・アルテタも参加しているし、（全米アメリカンフットボールリーグ〔NFL〕の）グリーンベイ・パッカーズの監督と（AFLの）コリングウッドの監督もいる。それから、ハリー・キューウェルの感想も覚えている。選手から監督へと考え方を切り替えるうえで、グループが本当にためになったと言っていた。参加希望者が今もドアを叩き続けているよ。アンジェはこでもほかに先んじたわけだ」

ところで、イタリアには〝みんなの友達は誰の友達でもない〟という諺《ことわざ》がある。これを体現している人はどこにでもいて、サッカー界も例外ではない。どういう人かは想像がつくだろう。いつもその場で一番影響力のある人物を物色し、移籍話が円滑に進むようにすることであれ、契約更新の交渉を有利にする材料として現所属クラブに獲得の打診（本気のこともあれば、見せかけのこともある）をしてもらうことであれ、自分の利益追求に役立つ可能性のある人としきりに親密に振る舞おうとする手合いだ。人脈づくりに精を出す連中と言い換えてもいい。

再びポステコグルーに話を戻すと、彼はこれまで、大きなチャンスの到来にいち早く気づいてきた。多くの同業者と同じく、所属先を失ったあとで解説者となり、自分が現役であることを各クラブにアピールしたこともある。その一方、トッテナムから誘いがあった時点でセルティック残留の可能性はなかったにしても、グラスゴーを次のステップまでの腰掛けにしていると思われることは、最後まで避けていた。

旧友としての贔屓目は明らかだが、ニック・デリギアニスは次のように指摘している。

「アンジェに厳しい時期があったのは、知ってのとおりだ。だが、その間もずっと、アンジェは皆から尊敬されていた。素晴らしいサッカー人だからだ。大部分で成功を収めていたから、敬意はなくならなかった。それだけでなく、アンジェは本当に謙虚な人間でもある。これだけ称賛を浴びている今でもそうだ。状況が客観的に見えている。

いわば謙虚な勝者だ。勝者のなかでも特に優れた勝者だと思う。セルティックで好かれたのも、そういう人間性のおかげだろう。結果の面で成し遂げたことだけでなく、人間としても好かれている」

デリギアニスは、ポステコグルーの人間性について話を続けた。

「私の考えでは、アンジェは内向きな人間だ。自分のすることにすごく集中している。とはいえ、家族のように親しい4、5人の友人グループはある。サッカー界にいるから、それ以外にも多くの人と話はするが、信頼する相手、一番近い相手、無条件で信じる相手は常にいる。アンジェは本当に誠実な人間だ。友人同士、お互いのためなら何でもするというグループにいる。『ほかに友人がいてもいなくても、別に気にしない。大事な友人が数人いれば完璧に幸せだ！』と言うだろう。

アンジェは選手やスタッフとの間に距離を置いている。それだけ厳しい仕事だと常に感じているからだ。やりたいことをやるには距離が必要だと確信している。ただし、誰かが最高の状態に到達できるよう助けることが、自分の仕事だという自覚もある。両方のバランスをとり、区別しながら、距離を保つことが非常にうまい。

それに、長年見てきたが、アンジェはオーストラリアサッカー全体の導き手のようになっている。意欲に燃える指導者たちから仰ぎ見られる存在だ。これまで、そういう指導者に声をかけ、求められれば手を差し伸べることで、アンジェ自身も多くを得たと思う。誰かを助けられることを本当に喜んでいる」

ポステコグルー自身は、若手指導者たちとの対話に割く時間が大きな名声に結びつくことは期待していない。本人の言葉を聞くと、自分にとって当然の行動に感謝されることに対し、純粋に興味がないような響きさえ感じる。

「この仕事をずっとしてきた。もうプロ監督になって26、27年目だ。とりわけ若い指導者たちについては、どんな形であれ話ができて、ちょっとした手引きをする機会があったら、とにかく自分らしくいろというアドバイスを大事にしている。若い監督は特に、多くの人からあれをしろ、こうやれと言われるものだ。

仕事に孤独は感じない。自分が孤独だとは思わないし、一人ぼっちだと感じたこともない。自分のしてきた仕事を心から気に入っている。誰しも家族や友人は周囲にいるもので、必要な助けはそういう人たちが与えてくれる。

それ以外にも、すべての監督が全般的なところで互いに敬意を払い、互いを理解している。苦しい時期を過ごしている監督を思いやる気持ちは、皆が持っている。自分だって、いつか同じ状況に陥る可能性があるとわかっているからだ。だから敬意がある」

頑なにチームから少し離れた（あるいは超然とした）立場をとっているにもかかわらず、ポステコグルーが周囲の支持を失わずにいることは、多くの人が不思議に感じるところだろう。有名な話だが、ポステコグルーはセルティックに移るとき、前任者から裏方スタッフを引き継ぐことに同意した。つまり、新しいチームに入り、自分に従うよう全員を説得する必要があったということだ。しかも、彼らに媚を売ることも、親玉に取り入ることも、ブレンダン・ロジャーズ級のアイコンタクトを駆使することも、親しみやすさを装うこともしなかった。では、一体どうやったというのだろうか。

この疑問に対し、彼のアシスタントコーチを長く務めたピーター・クラモフスキーは「アンジェはついていきやすい人だと思います」と答えた。

「一つは、気持ちを高めるのがうまいから。もう一つは、単純に極めて紳士的だからです。選手やスタッフに信じてもらうことが重要で、セルティックに移ったときも最初にその話をしていました。アンジェにとっては難しいことではありません。ピッチ上で求めることも、チームに望むプレーも、それを日々の過ごし方に落とし込んだときにどうなるかも、アンジェは明確に示しているからです。ついていくにしろ、団結するにしろ、前に進むにしろ、とてもわかりやすい。

アンジェは本物です。だから、皆がアンジェを失望させたくないと思うんです。そして、その辺をひっくるめ、スタッフ一人ひとりが自分の持ち場で最善を尽くす責任を負う。アシスタントコーチであれ、専属マッサージ師であれ、自分の専門領域で国内最高、あるいは世界最高でいないといけない。アンジェは周囲にそういうメンタリティーを生み出します」

クラモフスキーは続けた。

「アンジェはときどき、周りから距離を置くことを選ぶはずです。メディアでもよく取り上げられていますよね。それには彼なりの理由がある。そうすることで、エネルギーを注ぐ場所を選んでいるんでしょう。まあ、つるむのが苦手なだけかもしれませんがね！

私の考えでは、アンジェはいつも自分のことを重視しているんです。ハンバーガーやらビールやらを一緒に囲めないことについて、本当のところどう感じているのかはわかりません。ただ、スタッフたちがビールを飲み、ハンバーガーを食べていた場に私自身がいなかったことは保証できる。アシスタントとして休みなく働いていましたから。計画をどう成功させるか、アンジェは絶えず考えていました。人によって違うんでしょうが、アンジェにとってはそれが大事だった。自分のやり方を続けた。偉大な監督になるためには、自分のやり方でやることや、自分らしくあることに自信を感じられなければなりません」

クラモフスキーは、ポステコグルーとの関係の始まりを振り返った。

「アンジェとのつき合いは2004年、U17（17歳以下）ワールドカップに向けた準備期間からです。年末に1カ月、アルゼンチンに滞在しました。何より、すごく紳士的だったのを覚えています。リーダーシップもすごかった。正直なところ、私は未熟な若手指導者でしたが、できるだけうまくサポートしたいと思っていました。アンジェは本当に紳士的でした。ただし、重要なのは本当に優れた指導者だったことです。U17での話で、レベルとしては、あくまで10代の選手との仕事でしたが。それでも、アンジェを見たら『なんて指導者だ』と思いましたよ。彼が求めるプレー、環境の作り方、基準の定め方。アンジェとは共鳴するものがありました。

当時の私は未熟で、貪欲で、できるだけ多くを学びたいと思っていました。スポンジみたいでした。当然、合宿の雰囲気のなかで関係は深まりますし、本当にいい時間を過ごしました。亡くなってしまいましたが、名ゴールキーパーだったマーティン・クルックがアンジェと親しくて、アシスタントコーチ兼キーパーコーチを務めていた。本当に特別な日々でした。ただし、あくまで仕事とサッカーが基本でした」

ポステコグルーの意思決定を左右する数々の優先事項のなかで、選手の感情はほぼ最下位にある。そのことは、選手たち自身が常に思い知らされている。セルティックにも所属した元オーストラリア代表ストライカー、スコット・マクドナルドの例は有名だ。U20ワールドカップでのブラジルとの大一番で、キャプテンでありながら先発から外されたのだ。マクドナルドはこの苦い経験について、次のように説明している。

「アンジェは自分が好まない選手、必要としない選手に対し、言い訳も説明もしません。その必要がないんです。前進あるのみ。それがアンジェの働き方であって、選手は尊重しなければなりません。

私はU20代表のキャプテンで、チームに選ばれた経験も一番でしたし、年代別ワールドカップは3回目でした。それが、ブラジルとの試合前に宿舎でアンジェの部屋に呼ばれたんです。グループリーグ突破を決めるには勝利が必要だったんですが、『君は試合に出ない。この相手を倒すのに必要なスタイルに合わない』とあっさり言われました。アンジェは自分が最善と考えることをして、厳しい決断を下したということです」

クラブで指導を受け、自分たちにとって何が最善かをポステコグルーが常に気にとめていると感じた選手でさえ、彼が冷たく疎遠だと思ったことを認めている。たとえば、ブリスベン・ロアーのスター選手だったトマス・ブロイヒがそうだ。今もポステコグルーを「ボス」と呼び、誰より尊敬しているブロイヒでさえ、ヒでさえ、「仲を深めることを望んでも、彼にはすごく権威主義的に見えるところがあった。畏敬の念を抱くあまり、監督室に入ったり、何か頼んだりするのに恐怖に近いものを感じていました」と認めている。ブロイ

「だけど、彼はすごくいい人でした。私に個人的な問題が起きたとき、ドイツに帰るのを許してくれた。シーズンの途中で、週末には試合があるような時期でしたが、『3日間帰りなさ

い。それで戻ってきなさい。いいプレーさえしてくれれば十分だから』と言ってくれた。人間的な素晴らしさも兼ね備えている人です。

でも、ちょっとお喋りをするみたいなチャンスは少しもなかった。選手としてはそういう関わりも欲しいし、いつも怯えていたくはないんですが。ただ、今考えれば、彼が高い基準と強度を求める雰囲気を生み出していたことや、日々の重圧感がチームとしての成功に必要だったことがわかります」

ブロイヒは続けた。

「リバースサイコロジーも多用していました。たとえば、最高のプレーをした試合で、すごく厳しく批判されるといった具合です。それに、彼におちょくられたこともありました。4対0のリードでハーフタイムに入った試合でのことです。その試合は、チーム史上最高にいいプレーをしていました。全員が明るく、誇らしく、気分よくロッカールームに戻り、この調子でどんどんボールを回そうっていう意欲に満ちていたんです。すごくいい日で、プレーの出来も最高で、お互いにほとんど満足していて、過去最高の日だと感じていました。それで、ロッカールームで腰をおろすと、監督が入ってくる。そして、場が静まり返る。こっちは『おいおい、一体何がどうなってんだ?』っていう感じでした。何を言われるかと思ったら『たしかに4対0で勝っているかもしれないが、これで十分だと思っているやつはいるか?』というような話だった。

選手全員が『くそっ。何だよこれ。ありえねえ』と思いましたよ。それからアンジェは少し間をおいて、笑いながら言ったんです。『ただの冗談だ』って。見事にひっかかりました。だけど、選手はそういう冗談をいつも間に受けてしまう。アンジェはいつも改善や向上が必要なところに気づくからです」

ポステコグルーの監督人生を追いかけていると、そういう話が何度も出てきた。これは当然のことだ。順位表の真ん中でシーズンを終えることも、練習場で平凡でいることも、絶対に受け入れないと決めない限り、トップにたどり着けるわけがない。そのせいで目標や志をともにする仲間との楽しい食事や笑いの時間が少し犠牲になろうと、まったく問題ない。

まだ駆け出しの指導者だったサウスメルボルンFC時代、ポステコグルーは毎週火曜夜の取締役会に欠かさず出席していた。練習終了直後の午後8時半、ときには真夜中まで続く会議にふらりとやってきて、議論に貢献していたのだ。当時のサウスメルボルンは国内で最も成功しているクラブとして、すべてを勝ち取るべき立場にあった。取締役会では、その運営のあらゆる面に関し、ギリシャ系の守旧的な古株幹部と若手役員たちが意見を交わしていた。散会後はクラレンドンストリートとシティーロードの交差点にあるマクドナルドで、比較的新顔の役員たちの輪に加わった。ある参加者が「非公式取締役会」と呼んだこの夜会は、話が盛り上がれば午前1時まで続くこともあった。仲間とのハンバーガーを楽しんでいた、というわけでは当然ない。このささやかな親睦会に加わることには目的があった。サウスメルボルンが国内王者であり続け、オセアニア・クラブ選手権に挑み、さらにはＦＩＦＡクラブ世界選手権の本大会に駒を進めるため、自分が本当に必要としていることを、取締役会の進歩的な面々に確実に理解してもらうことだ。たしかにビッグマックとコーヒーを挟んだ会話ではあったが、すべては仕事を成功させるためだった。

運命の一戦

サウスメルボルンFC（2－1）カールトンSC

1998年5月16日
ナショナル・サッカー・リーグ　プレーオフ決勝

ポステコグルーはキャプテンとして国内王者に輝いた7年後、監督として初めてプレーオフ決勝に進出した。この試合は、オーストラリアサッカー史上屈指のエンターテインメントだったたと広く認識されている。同じフットボールでも〝民族的〟とされたサッカーの古豪サウスメルボルンと、そのサッカーに進出しようとするオーストラリアンフットボール・リーグ（ＡＦＬ）の強豪カールトンによる一戦には、間違いなく数々の魅力があった。

そもそもオーストラリアンフットボールというのは、ラグビーとゲーリックフットボール、ウルトラマラソンを混ぜ合わせたような独特の激しさが特徴の競技だ。〝ブルーズ〟の愛称を持つカールトンはそのリーグで最も大きく、最も長い歴史を誇るクラブだ。よそのファンからは細かな異論が出るだろうが、そう思っていただいて問題ない。そして、ポステコグルーは偶然にもＡＦＬのカールトンの大ファンなのだ。彼の好きなスポーツの揺るぎない第2位がこの競技だとしたら、そのなかで好きなチームの第1位は間違いなくカールトンだ。さまざまなフットボールのなかでも類を見ないこの競技において、カールトンほどの人気を誇るクラブは数少ない。

ともにメルボルンを拠点とする両雄が地元開催のプレーオフ決勝で顔を合わせるとなれば、まるで多くのものがかかった試合のように思えてくる。ヘラス時代からサウスメルボルンを支えてきたギリシャ系移民サポーターは子や孫の世代を含めれば依然多く、彼らのコミュニティーにとってこの一戦は特に重要だった。

サウスメルボルンは過去6シーズンで5回、プレーオフで敗れていた。そして、この試合でも、ポステコグルーが望むようにボールやエリアを支配することはできなかった。それでも、ストライカーのジョン・アナスタシアディスが弟ディーンの守るカールトンのゴールを陥れ、早い時間帯に先制すると、コン・ブティアニスが後半43分に決勝点を奪い、僅差の勝利を飾った。後半33分にマルクス・ステアジオプロスのゴールで一時同点に追いつかれていたが、選手たちは勝利への道を見いだした。レギュラーシーズンを1位で終え、プレーオフを制した末の栄冠だった。彼らはサポーターとともに喜びを爆発させた。サポーターたちはもう7年間、このときを待っていたのだ。彼らは発煙筒が焚かれるなかで歌い、踊り、はしゃぎ、古典的なヨーロッパ流の歓喜の光景をスタジアムに出現させた。

ポステコグルーにとって、監督として初めてのトロフィー獲得は明らかにキャリアの転機だった。仕事に対する自信が一段と大きく膨らみ、翌シーズンの連覇によってその信念はさらに強まった。しかし、この出来事をオーストラリアサッカーという広い文脈でとらえれば、一人の若手監督が順調にキャリアを踏み出したという話に到底収まらない意味があった。

サウスメルボルン会長のニコラス・マイコーシスは、ポステコグルーが指揮したなかで一番の思い出深い試合はどれか、という質問にこのプレーオフ決勝を挙げた。オセアニア・クラブ選手権で優勝の栄冠に輝いた試合や、かの有名なリオデジャネイロのマラカナン・スタジアムでマンチェスター・ユナイテッドと戦ったクラブ世界選手権の試合よりも、気に入っているという。

マイコーシスは「すごく個人的な思い入れになる」と断ったうえで、次のように答えた。

「たぶん、カールトンと対戦した初めてのプレーオフ決勝だろう。カールトンがAFL、つまりオーストラリアンフットボールの歴史あるクラブであることは、聞いたことがあるだろう。それがサッカーに進出して、カールトン・サッカークラブ（SC）を実質的に新設した。短命に終わったが、繁栄もしていた。すごく短期間だったが、ピッチ内外で強豪と言っていいクラブだった。たしか、せいぜい1、2年くらいしか続かなかったが（カールトンSCは経営難により4シーズン目に閉鎖した）。

それでも、その1年目でプレーオフ決勝に進んだ。記憶が正しければ、父が準決勝の2日前に他界していて、私としてはちょっと精神的にきつく、とても感傷的になりやすい時期だった。でも、コミュニティー全体を見渡しても、たくさんの人にとって、たくさんの理由で大事な試合だった。兄弟で敵味方に分かれた選手もいた。こちらが古く、民族的で、旧時代的な、パートタイム選手の集まりのままだったのに対し、相手は新しいフルタイムのプロクラブとして参入していた。脅威だったよ。それで、こちらがその大一番に勝った。当時はすごく重要な勝利だと感じたんだ」

第11章
日本人選手との出会い

勤勉さと粘り強さ、絶え間ない前進という原則に宗教的なまでに身を捧げるアンジェ・ポステコグルーの姿勢は、日本文化の中核的な理念と抜群に相性がいい。もちろん、あとから振り返っての感想だが、両者の邂逅《かいこう》はスポーツの楽園に住む神々が創造し、認め、祝福したかのようにさえ見える。では、ポステコグルーの横浜F・マリノスでの日々が皆にとって素晴らしいものになることは、最初から決まっていたのだろうか。彼は新たな発想を積極的に受け入れる選手たちに、すんなり新指揮官として迎えられたのだろうか。Jリーグでの成功を約束する革命的なサッカースタイルを、すぐさま実現したのだろうか。不和や失敗、問題とは無縁だったのだろうか。もちろん、そんなわけはない。

ポステコグルーが日本で成功を目指していた頃のロッカールームを知る人々によれば、現実の彼はクラブ内で膨大な反発に遭いながら、それを乗り越えた。まず、クラブが最悪の人選ミスをしたという考えで一致した選手たちに、行く手を阻まれていた。また、危険なほど無謀な構想を携えたよそ者との烙印を押され、大惨事を起こすと決めつけられていた。まったく不慣れな環境で目立った成果を上げられる保証は、就任時には一切なかったのである。

ポステコグルーとヘッドコーチのピーター・クラモフスキーにとって、横浜での1シーズン目は困難だった。彼らの通訳となり、周囲との橋渡し役を担った今矢直城（現栃木シティFC監督）は、当時を思い出すと今でも笑いが込み上げてくる様子だった。ポステコグルーは最善の結果を意図し、重要な考えを伝えようとしていた。しかし、今矢を介してそれを聞く選手たちはあからさまに不服そうで、本気で話を聞かず、何を言っても反発を強めるばかりだった。今矢はチームを引っ張る選手たちと風呂場で対峙したことも、鮮明に記憶している。彼らは新監督へのきわめて深刻な疑念を口にしていた。その目に映るポステコグルーは明らかにリスク過剰の異端者で、2部降格を免れるための必死の努力を台無しにしようとしていた。ポステコグルーや今矢にとっては、そんな出来事も今では笑い話になっている。

読者にとっても、毎度お馴染みのパターンだろう。懐疑論者に打ち克つ。1シーズンで25人もの選手を入れ替えることになっても、信じることを頑なに拒む者を一掃する。信念の中核となる部分について、一切の妥協を拒否する。ただ勝つだけでなく、あらゆる人の想像をはるかに超える長期的なレガシーを残すことを目指す。

しかし、聞き慣れた物語にも日本では多少のひねりが加わった。まず、言葉の壁を乗り越え、カルチャーショックに対処しなければならなかった。サッカーにおいても、未知の領域を進みながら自分のメッセージのどこを修正すべきか判別し、死守すべき聖域を決める必要があった。仕事の難易度が格段に上がっていたということだ。だが、その苦労はまた、栄光の瞬間に事欠かないポステコグルーの監督人生において、2019年のJリーグ制覇（しかも、最終節で2位チームを直接下しての優勝）が格別に甘美な瞬間になる理由でもあった。

ポステコグルーは今、日本のサッカーに不可逆的な変化をもたらした人物として、日本で深く尊敬されている。その理由は、堅牢さと規則正しさに傾きがちな競争の場において、より大胆な戦術が機能しうるのを証明したことだけではない。サッカー国として世界での立場が不安定だった日本に自らの姿勢を改めさせ、目標を定め直させたからだ。

しかし、2017年末の衝撃的なサッカルーズ監督退任後の挑戦の場として、日本がこの上なく難しい環境だったことは本人も認めている。その理由は、前シーズンに降格争いをしていたチームを引き継ぐことだけではなかった。過去の問題解決でほぼ例外なく頼ってきた道具によらず、奇跡を起こさなければならなかったからだ。

「どうしたら構想を実現できるだろうか。チームに求めるプレーは明確だが、自分にとって最も強力な手段は言葉だ。今度はそれが使えない」。ポステコグルーは2019年、オーストラリアメディアとのインタビューで、日本で仕事を始めるうえでこう自問したと述べている。

彼はその後、映像分析に一段と力を入れることに答えを見いだし、言葉での説明に劣らぬ価値が視覚的な説明にあることを学んでいった。さらに、映像に着目したことで、監督として非常に明確で有益な副産物を得た。その一つが、彼自身が好み、いまやあらゆるレベルで取り入れられている〝偽サイドバック〟戦術だ。

ポステコグルーはもう一つ、初めての試みとしてあるスタッフを任命した。それが今矢だ。元サッカー選手で野心的な指導者でもあった今矢は、英語を話すスタッフと、最初からポステコグルーに強い反発を見せる選手たちの仲介役となった。そして、ポステコグルーは今矢と一心同体と呼べるほどの関係を築くことで、選手の心に触れられるようになった。通訳との以心伝心により、子ども時代や家族といった深い話題を積極的に選ぶことができた。当時の選手たちはその頃のスピーチについて、本当に心が奮い立ったと振り返っている。

今矢はポステコグルーが横浜F・マリノスの監督に就任する1年前から彼と面識があり、下部リーグのクラブの指導者を辞めて通訳になった。「そのクラブには8年いました。もちろん思い入れはありましたし、去るのはつらかった。でも同時に、アンジェのすぐ隣にいられることに対して、何てチャンスだ、と。自分も将来は監督になりたかったので、『すごい。アンジェのそばで1年間働けるなら、お金を払う人だっているくらいだ』と思いました」

今矢はサッカー史上最も単純だったかもしれない契約交渉を済ませ、仕事を始めた。そして、ときに和解の余地のなさそうな対立の真っ只中にはまり込んだ。そこでは、一言一句に細心の注意を払うことが求められた。

古典的な〝電球ジョーク〟［訳注：電球を取り替える場面設定に合わせ、特定の職業や民族の特徴をからかう冗談］に通訳者バージョンがある。「電球1個を取り替えるのに必要な通訳は何人?」「そりゃ当然、文脈（状況）次第だよ」というやつだ。当時の今矢はというと、ロッカールームに入り、ポステコグルーが話をするたびに、難解な文脈のなかでの仕事を強いられていた。望まない話を密室で聞かされる選手の不信感が目に映り、その不服ぶりを肌で感じられる場での通訳は、決してやりやすくはなかっただろう。まれなケースではあったが、ポステコグルーがロッカールームに入ったときの張り詰めた空気を今矢が感じとり損ねたときは、新監督への反発がどれほど根深いかをすぐに思い知らされることになった。

今矢は10歳で家族とオーストラリアに引っ越し、オージーイングリッシュを習得した。日本に戻ったのは、サッカーで高みを目指すためだ。

「最初の何日かは合宿でした。沖縄だったと思いますが、アンジェとピーターが来日してすぐ、トレーニングキャンプに入りました。その頃に銭湯や温泉に行ったのですが、選手たちがすかさず『この人は大丈夫ですか?』『F・マリノスに長くいるが、こんなに早い時期に文句が出るのは珍しい』と私に言ったのを覚えています。

ただ相槌を打って、話を合わせることもできました。でも、流されちゃいけない気がして、『彼はトップレベルの監督だよ。信頼して』と伝えました。それからは、選手たちが私に不満を言いに来なくなりました。私に言っても聞かないし、私がアンジェのしていることを信じていると、はっきり気づいたからでしょう。

一部の選手がアンジェに不安を抱いていたこと、さらには反発していたことは、よく覚えています。アンジェが話をしている間、私はすぐ隣に立って、選手たちが発する雰囲気を感じていましたから。その場に座った選手たちは『いやあ、これはうまくいかないぞ』と明らかに思っていましたし、そういうエネルギーを感じました」

今矢は話を続けた。

「アンジェから一つ学んだとすれば、そんな状況に置かれると人はしどろもどろになったり、言葉が出なくなったりすることがある、ということです。どもりも始まります。でも、アンジェの言葉には純粋な信念があった。そのことは、出だしの段階で彼自身の確かな支えになりました。もしアンジェに自信がなく、私も確信が持てずにいたら、私は不満を抱く選手からの負のエネルギーを感じてしまい、アンジェが発するエネルギーをありのままに感じとれなくなる。そうなると、メッセージを行き渡らせることは非常に難しかったでしょう。

でも、アンジェの意志と考えは、それまでのキャリアで揺るぎないものになっていました。チームがどういうサッカーをすべきかについて、彼には強い信念があった。これと定めたサッカースタイルがあった。私たちが成功しようと思ったら、あの方法以外になかった」

今矢は具体的なサッカースタイルの違いにも言及した。

「ある意味、アンジェはすごく太々しい人です。それまでの横浜F・マリノスはカウンター攻撃のチームで、すごく守備的でした。ところが、アンジェとピーターの下では、プレシーズンキャンプから攻守両面できわめて積極的でした。ボールを持っているときは非常に攻撃志向で、選手が縦横無尽に動き回り、ローテーションを繰り返し、オートマティックに連動することを重視していました。

一番の違いはスピードです。アンジェのテンポは、日本の選手が慣れているのとは違いました。選手たちには、ときには力を緩め、しばらくボールを落ち着かせる必要があるという感覚がありましたが、アンジェにそれはなかった。

出だしは結果がよくなかったので、選手たちは明らかに『ああ、やっぱり。こんなのうまくいかないよ。監督は自分の言ってることの意味がわかっちゃいない。日本のサッカーが理解できてないんだ。ここでは機能しない。少しスピードを落とさないと』と考えていました。はっきり言葉にしないときもありましたが、アンジェが攻守で望むプレーに対して、そういう疑念を抱いていることは感じとれました」

戦術面では、すべては4-3-3を中心に成り立っていた。ここまでは、すでに見てきたクラブと変わらない。しかし、横浜で最初に実現したアンジェボールは、グラスゴーやロンドンに持ち込んだものとは少し違うモデルだった。今矢は次のように振り返っている。

「実際、最初のキャンプではサイドバックを外に張らせていました。一番外のレーンにいて、幅を生み出す役割です。それを、何週間かして内側に入らせた。いわゆる偽サイドバックですね。練習試合を見直していたときだと記憶していますが、日本人選手のパス強度がヨーロッパ系の選手ほどでないことにアンジェが気づいたんです。それで、パスの距離を縮めるためにサイドバックを中に入れました。でも、全体としては4-3-3でしたよ。初めは守備的ミッドフィールダーを1枚にしていて、優勝した2019年には2枚に変えました。

2018年の時点では、ほかのチームがやっていたこととは全然違いました。当時、アンジェほど徹底的かつオープンにつなごうとするチームは、たぶん一つか二つでした。その彼らのプレーでさえ、アンジェが望むものには遠かった」

ポステコグルーの手法に対する当初の反発は、単純にスピードの変化を好まない選手にとどまらなかった。就任1シーズン目、クラブの「上の人たち」がどれほど懸念を口にしていたか今矢は忘れていない。すでにポステコグルーの側近となっていた今矢に直接伝えに来るほど、彼らは自分の言い分に自信を感じていた。この事実は、新体制1年目の苦しみを物語っている。

今矢はかろうじて降格を回避した最初のシーズンを「緊迫」という言葉で表現し、ポステコグルーは批判を受け入れざるをえなかったと振り返った。クラブを上昇気流に乗せることができるまで、彼はベンチに置かれた選手から飛んでくる批判や、スタンドのクラブ幹部が投下する非難に耐えなければならなかった。

「でも、今のJリーグを見ると。皆がアンジェと同じようにプレーしたがっている。これは、彼がしたことの直接のレガシーです。私の見方では、彼は日本サッカーが進む道を変えました。戦術面だけでなく、精神面でもです。彼は信じられないような、本当に面白いサッカーを実現し、それを皆がやりたがるようになっている。あのサッカーで実際に結果を出し、リーグ優勝できることに気づいたのです。でも、最初にやったのはアンジェにほかなりません。並外れたリーダーシップが必要でした。

アンジェは来日以前から日本の選手を称賛していました。日本人選手のプレースタイルや能力に常に敬意を払い、好ましく思っていたんです。実際、サッカルーズの監督として日本と対戦している彼を見るたび、本当は日本の選手と仕事をしていたかったんだろう、という印象を受けたくらいです！　日本選手のプレースタイルが大好きだったことも、彼が日本に来てJリーグで監督をしたいと思った理由です。

アンジェには、Jリーグのチームが退屈なサッカーをしたがる理由が理解できないようでした。語弊のある言い方かもしれませんが、少なくともエンターテインメント性では劣っていた。アンジェは日本に質の高い選手がいるのを知っていたので、『攻撃サッカーをやったらどうだ？　それに適した選手がいるじゃないか。彼らならできるのに』と考えていました。その考えを実証したわけです。これが始まりでした」

当然ながら、思想の変革には犠牲がつきものだ。サッカーの場合、新しいプレースタイルを受け入れられない選手、あるいは受け入れようとしない選手は長く続かない。選手によっては、それまでに築いた地位や契約の長さ、市場価値の下落などが妨げとなり、監督が放出を望んでも移籍が難しいことがある。しかし、ポステコグルーの場合、シティ・フットボール・グループ（CFG）が横浜F・マリノスを一部所有していることが後押しになったはずだ。成功の訪れをじっと待つ姿勢は、このグループのDNAには刻まれていない。すべての場所ですべてを一挙に勝ち取ることへの抑えきれない欲求は、マンチェスター・シティへの資金の注ぎ込み方によく表れている。

ポステコグルーがスコットランドに飛び立ったあと、クラモフスキーは日本に残って監督になった。

「2018年はジェットコースターでした。あのサッカーを急ピッチで始動させて、疑う声もありましたが、私たちがやろうとするプレーは急速に浸透しました。シティ・フットボール・グループは当時、私たちのサッカーが出来上がっていくスピードに驚いていました。ただし成績面では、1年を通じて少しばかり浮き沈みが激しかった。そうなってしまう原因は残りましたが、自分たちのサッカーは形になっていましたし、その裏打ちとなる基準も定まっていました。成功が近づいていたんです。

止めようがなかった。私たちがF・マリノスに行ってから最初の12カ月間で25人前後、あるいは30人もの選手を入れ替えました。そして、ご存知のように2019年には優勝しましたが、2018年は恐ろしく降格圏に近かった。言ってしまえば、不安な時期もありました。しかし、ここはクラブの株主、そしてCFGを称えるところですが、彼らはアンジェを信じ、選手補強を助けました。そして、最後に見返りを得たのです」

クラモフスキーは次のように強調した。

「そこがアンジェの大事な特徴です。彼はクラブのアイデンティティを構築するんです。アンジェがクラブに残したものは、明らかに今も生き続けています。レガシーは時を超え、本人がいた期間よりもずっと長く残ります。アンジェにとっては、それがすべてなのです。横浜F・

マリノスというクラブは今も毎週末、あのサッカーを欲している。それがアンジェのレガシーです。セルティックでも同じことを目指したに違いありません。自分がいる間、そして去ってからも成長し、進化を続ける。アンジェにとっては、これが本当に大事なんです。彼は純粋なサッカー人であり、彼にはこれがすべてです」

クラモフスキーは、ポステコグルーの日本での挑戦を次のようにまとめた。

「アンジェが日本での日々を愛していたことも、私は知っています。何より、日本は本当に美しい国ですし、そのことはサッカー文化ともつながっています。日本ではサッカーと野球が二大スポーツです。そして、野球の存在感が大きいなかでも、サッカーは人々に愛されている。サッカーのレベルも認められるべきです。日本のサッカーは一般的な認識よりレベルが高い。一筋縄では行きませんし、競争も激しい。指導やマネジメントのスキルが研ぎ澄まされる環境でもあります。いいチームが非常に多く、競争が激しいため、試合の準備に高い精度が求められるからです。仕事が磨かれるんです。横浜F・マリノスでのことは、語るに足るだけの魅力的な物語です。何しろ、始まりが2018年、ワールドカップ出場を決めた直後でしたから。アンジェがここに来ることを決め、幸運にも、その旅をともにできました」

ポステコグルーが日本サッカーに影響を及ぼしたのが事実なら、日本サッカーがポステコグルーという監督に影響を与えたことも明白な事実だ。そう言える理由は、古橋亨梧や旗手怜央、前田大然といった選手の獲得がセルティック躍進の大きな要因になったことだけではない。Jリーグで得た学びや、自分のメッセージを研ぎ澄ますスキルは、今日までのポステコグルーの仕事ぶりによく表れている。日本での経験によって、指導者としてレベルアップしたのだ。また、日本での成功は、彼のチームづくりの基本がさまざまな場所、そして新たな環境でも通用するという証しになった。ブリスベンと横浜の両方で通用したのであれば、グラスゴーでも、さらにはロンドンでも通用するだろう。

初めて日本社会に加わった人が直面する文化面の難しさについても、今矢に話を聞いた。それによると、ポステコグルーとクラモフスキーは新たな環境にすぐに適応した。日本人の控えめさは有名だが、多くの外国人はこれを情熱のなさと誤解する。だが、ポステコグルーはこの感性に敬意を払い、ありがちな勘違いに陥ることは少しもなかった。

「違う国に行っただけで、いい監督、いい指導者、いい人であることが変わるわけではありません」。今矢はそう断ってから説明を始めた。

「しかし、文化が違いますから、考えたほうがよさそうなことはあります。仮に一般化できるとしたら、アジア人よりも西洋人にとってのほうが、違っていることはあるでしょう。とはいえ、結局は人との関わり合いの話になります。選手たちは時間とともに、アンジェが他人の模倣ではなく、本物であることに気づいていきました。そこができれば、メッセージは浸透します。相手が日本人だからといってアンジェがその本物さから離れ、やり方を変えようとしていたら、うまくいかなかったでしょう。

最初の段階で『そんなの日本では無理だ。それは日本のやり方じゃない』という声に一つずつ耳を傾けることもできたでしょう。でも、そうしていたら、仕事に対するアンジェとピーターの感覚や感性、つまり彼らを優秀な指導者たらしめている要素は失われていました。だから、本物であることが大事なのです。最初の数日で、そう感じました。

これは傲慢さとは違います。彼らはクラブに入るなり『これが俺のやり方だ。嫌なら去れ。言うとおりにやるか、出ていくか、二つに一つだ』と迫ったりはしませんでした。そういうことではない。でも、自分を曲げることはしませんでした」

今矢は続けた。

「私が選手や指導者を経験していたことは、間違いなく役立ちました。アンジェのメッセージを字面どおり日本語にするだけなら、可能かもしれません。でも、人間を相手にしていますから、メッセージの中身を適切に浸透させる必要があります。ときには行間を読む必要がある。『アンジェは何を言おうとしているんだ？　何が言いたいんだ？　直訳じゃ本当のメッセージが選手に伝わらないぞ』と考えないといけない。だから、選手の感覚を知っていることが役立つんです。元選手ですから、監督の言葉選びの影響力はわかっています。いい影響もあれば、おそらく悪い影響もある。

特定の試合や一日が分岐点になったわけではありませんが、開幕4試合目の浦和レッズとのアウェイ戦をよく覚えています。レッズは今も強豪ですが、当時も強かった。それまでの成績は1分2敗。『攻めるぞ』とか『勝ちにいくぞ』とか、ほとんどの監督が正攻法を口にするかもしれません。でも選手はどうか。引き分けで勝ち点1を取るか、内容が悪くても勝てば監督は満足するだろうと感じるものです。

アンジェはそれを拒みました。自分たちがすべきプレーを断固貫くことも、そこから外れるプレーを受け入れないことも、誰でもわかりました。彼は後退しようとしません。ほんの少し妥協することは、監督としては簡単です。でも、アンジェは口先だけじゃなかった。選手はもう、これが自分たちのすべきプレーなんだ、と感じていましたよ。

1年目、リーグ戦で勝ち始め、リーグカップ決勝（湘南ベルマーレに0対1で敗戦）に進んだときに変化がありました。シーズン半ばまでは、まだ全員が信じているとは言えませんでした。しかし、1人が2人となり、2人が6人、そして7人となり、選手が自分たちのプレーに本当の情熱を見せ始めました。日本サッカー界のすべての人に対し、こんなやり方ができるのだと証明したがっていました。それがアンジェのメッセージであり、そのメッセージが選手の心の琴線に触れたのです」

もう一つ、ポステコグルーのぶれのなさを物語るエピソードがあった。

「アンジェはいつも揺らぎません。試合に勝ったときでもです。たとえば鹿島とのホーム戦。3対0で勝ったのですが、アンジェはうちのプレーがよくなかったと考え、ロッカールームで選手たちを叱りつけました。きっと、これまで様々なチームで何度もあったことですよね？　自分たちだけじゃないとわかってよかった。アンジェを支えようとする者として、あの光景を見られて本当によかったです。彼が常に自分の言葉に誠実であることを、改めて確認できました。あれは3対0で勝った試合でしたから。勝ちはしても、すべきプレーをしなかった。継続的に成功するには、自分たちのプレーをし続ける必要があるということが、彼にはわかっていたんです。

アンジェが私たちに望んでいたのは、一番であることです。自分のポジションや役割において、クラブやチームの一番になるよう努力しなければなりません。日々向上するため努力しなければなりません。メディカルスタッフでも、通訳でも、コーチでも、今の自分の仕事に満足し、翌日や翌週の向上を目指さなくなったら、その先は長くないでしょう。単純に、そこは絶対条件であり、そこに議論の余地はないと考えます。そうして前に進む気持ちがなければ、アンジェの下では働けません」

ポステコグルーは自分自身にも同じルールを課した。自分の努力について、これで十分だと思うことを拒絶したのだ。彼は日本にいる間、自分自身に手加減することを考えもしなかった。言葉の壁を言い訳にして、誤解される余地のなかったメルボルン時代ほど選手を掌握できないのは仕方ない、と簡単に割り切ることはありえなかった。突き詰めれば、マネジメントの大部分は何を言うか、あるいは何を言わないでおくかの心理戦だ。プロ指導者のスタートラインに立とうという者なら誰でも、チームビルディングや人間関係の重要性に関する専門家の解説や、「自分が考えただけでは選手が学んだことにはならない——誰もが自分の経験というレンズを通して世界を見ている」といったタイトルの講義を聞くことになる。つまり、大事なのはメッセージであり、メッセージを届けるための言葉一つひとつだ。ポステコグルーは、そのすべてを第三者のフィルターを通して伝えなければならなかった。そんな状況では、彼の有名な言語表現力が少しばかり弱まることは、避けられなかったのではないだろうか。

しかし、今矢は〝ロスト・イン・トランスレーション〟はなかったと断言し、次のように強調した。

「アンジェのスピーチには、心を動かすものがありました。ものすごく感動的で、聞く者を鼓舞する力がありました。たしかに、監督のなかには同じようなスピーチを繰り返す人もいますし、メッセージを浸透させるために反復が必要な場合もあります。そこにはテーマがある。しかし、アンジェは聞く者を飽きさせず、サッカーをすることの素晴らしさを巧みに強調していました。

アンジェはよく、子どもの頃を思い出すよう選手に言っていました。5歳でボールを蹴り始めたときのことです。『兄ちゃんや弟にあっさりボールを渡したか？ それとも取られないようにしたか？ 公園でサッカーをしていたとき、ボールは自分の足元にあっただろう。それを取られまいとしたはずだ。私たちはボールをキープしなければならない。相手がボールを持っているのなら、奪いにいかなければならない。子どもの頃に戻るんだ』。そういうスピーチが、選手の感情を引き出したんです。いつも何かしら物語を用意していました。

自分一人の力でサッカー選手になる者はいないとも、よく言っていました。指導者や親など、必ず誰かの助けがあった。だから、F・マリノスでデビューを迎える選手がいるときは決まって、『ここまで支えてくれた人の顔を思い出せ。今日はその人たちのためにプレーしろ』と言うんです。気持ちのたかぶる言葉でした」

ポステコグルーは冒険を求めて日本に行った。旅立ちはその3年半後。理由はヨーロッパでのチャンスを欲したことだった。世界の向こう側で監督のポストを探るという決断は、セルティックから就任の打診を受けるずっと前にエージェントに伝えていた。ポステコグルーの監督招聘を検討しながら、結局見送りを決めたビッグクラブは一つや二つではなかったはずだ。

ブリスベンやメルボルンでの成功は言うに及ばず、日本でしか実績のない監督にリスクに見合う価値はないと判断したのである。

シティ・フットボール・グループのある幹部の言葉を借りれば、ポステコグルーは〝本物のなかの本物〟だ。彼がセルティックで収めた成績とその後のトッテナム監督就任を目にして、招聘を見送ったクラブの会長や最高経営責任者（ＣＥＯ）たちは、後悔に苛まれたかもしれない。もっとよく見ていれば、と。そうだとしたら、ポステコグルーの日本における経験の価値は、彼の成功によって再評価を迫られる。日本での日々は、オーストラリアからヨーロッパへの旅における長めの乗り継ぎ滞在などではなかった。監督としての彼の成長において、不可欠な役割を果たしたのだ。

運命の一戦

横浜F・マリノス（3－0）FC東京
2019年12月7日
Jリーグ　第34節（最終節）

アンジェ・ポステコグルーはこの勝利により、オーストラリア人サッカー監督として当時では史上最大級の栄誉を手にした。さらに、自身の正当性も証明した。日本語はもちろん、ポルトガル語、タイ語の3言語でいっせいに通訳が入るロッカールームでは、チームトークを短く、鋭く、的を射たものにするという彼の信条が最大限に試された。そんな状況でも彼はチームを機能させ、偽サイドバックも導入した。そして、4点差で負けなければ優勝が決まるリーグ最終戦、守りを固めてスコアレスドローを狙えばいい試合でさえ、全力で勝ちにいった。

関係者は誰も、ポステコグルーが日本の文化とサッカーにスムーズに移行したかのように語ったりはしない。1シーズン目はJリーグカップの決勝に進んだものの、リーグ戦の勝ち点は降格圏までさほど余裕がなかった。私生活を見ても、父親を喜ばせたいという願いがキャリアすべての土台になっていると強調するポステコグルーにとって、父ジムの他界は明らかに重大な出来事だった。

Jリーグ優勝が決まったあと、ジムが生きていたら何と言ったと思うか、との質問がポステコグルーに向けられた。彼はこの勝利によって、多くの人からオーストラリア史上最も偉大なサッカー監督と称賛されていた。しかし、本人はにんまり笑ってこう答えた。「おそらく、序盤の戦術が間違っていたと言うだろう。ちょっとスロースタートだったから。そのあとで、褒めてくれたと思う」

第12章 セルティックとの恋物語

〝百聞は一見にしかず〟という諺がある。文章を書いて糊口《ここう》を凌ぐ者としては、練りに練った1パラグラフや1本の記事の価値を貶める主張には頷きにくい。しかし、メルボルン郊外のホテルのバー（けたたましい音を立てる大量のスロットマシーンが一角を占め、別の一角ではスポーツベット愛好家たちが勝者総取り方式の競馬に興じていた）にあるレストランで渡された一連の写真を見ると、この諺を再評価せざるをえなかった。目の前で輝く純金を見逃すのは、24カラット級の間抜けだけだ。

オーストラリア代表歴もあるサウスメルボルンFCの元ディフェンダー、スティーブ・ブレアが見せてくれた写真は、衝撃的としか言いようがなかった。撮影地はセルティックの本拠地セルティックパークで、被写体はその正面玄関でポーズをとるアンジェ・ポステコグルー。撮影日は、彼がさほど歓迎されずにセルティックの監督になる数十年前だ。自分のホームと呼ぶ日が来るスタジアムの入り口で、回転式ゲートに体を押し込むような冗談めかした姿勢をとっている。ひげをたくわえ、いたずらっぽい笑みを浮かべた顔は、若き日のビリー・コノリー［訳注：スコットランド出身のミュージシャン。1965年から1971年まで活動したバンド「The Humblebums」で活動。その後、コメディアンに転身］のようだ。ほかの写真では、親友でチームメートのブレアとともにチャンピオンズカップ優勝杯のレプリカを手に取ったり、クラブ創設者であるウォルフリード修道士の像に参ったりしている。大半の写真が休暇中のスナップの雰囲気で、サッカーに情熱を燃やすギリシャ系オーストラリア人の若者の興奮ぶりをとらえている。その背景にある物語に劣らず、一見の価値がある写真ばかりだ。ただし、のちにテクニカルエリアから指揮することになるチームに対し、特別に魅了されているという様子は窺えない。ポステコグルーはセルティックの監督に就任した当初、知識不足の解説者たちから拙速に無名・無価値と決めつけられ、なかなかファンに受け入れられなかった。しかし彼自身もまた、〝フープス〟の愛称で知られる名門に一目惚れしたわけではなかったわけだ。グラスゴーのドラムチャペル地区出身のブレアはセルティックを愛し、旧オーストラリア全国リーグの過酷な飛行機移動の際、積極的にポステコグルーの隣に座ってクラブの魅力を訴え続けていたのだが。

ポステコグルーは2021年夏、セルティックの第19代監督に任命された。前々任者のブレンダン・ロジャーズは就任時、子どもの頃からずっとセルティックファンだったなどと誇張たっぷりの長話をしたが、場の空気を読めるポステコグルーは決してロジャーズ流を踏襲しなかった（ロジャーズはリバプール監督解任後にグラスゴーに移った際、恥も外聞もなく生粋のセルティックファンを自称し、クラブ黄金期の物語を聞いて育ったと話を盛った。その後、グラスゴー脱出に不名誉なほど時間を要し、2019年2月にようやく返り咲きのチャンスが到来。レスター・シティの監督になるため、一目散に南へ走り去った。セルティックの監督は「夢にまで見た仕事」だと言っていたが、まだ就任から3年足らずだった。周知のとおり、彼は今、その仕事に出戻りしている）。ポステコグルーもまた、過去に監督を務めた真の〝セルティック・マン〟たちとは比べるべくもなかったが、そういう面々と自身を並び称すような物言いはしなかった。前任のニール・レノンはセルティックにすべてを捧げていたし、クラブ生え抜きでファンに愛された故トミー・バーンズは、〝自分のチーム〟と親しくなりすぎ、目をかけすぎることが、監督として最大の課題だと言い続けるような人物だった。

ポステコグルーは献身的に仕事に打ち込んだ。また、〝クラブ以上のクラブ〟という称号のふさわしさにおいて、その筆頭たるFCバルセロナにセルティックは少しも劣らないと信じるファンの想いに対し、情熱を燃やすようになった。さらに、そうした献身性や情熱だけでなく、よく見れば嘘とわかる親近感をでっち上げない賢さも備えていた。ポステコグルーの初恋のサッカークラブは言うまでもなくサウスメルボルン・ヘラスであり、1970〜80年代にヨーロッパを席巻した黄金期のリバプールだ。ケニー・ダルグリッシュは今も、彼のヒーローであり続けている。

ちなみに、ダルグリッシュは若手時代にセルティックに在籍しており、ブレアはこの事実を糸口にポステコグルーをリバプールから改宗させようとしたこともある。彼の監督就任には、そうした不断の売り込みが影響した、というのは突飛な考えだが、ブレア自身がそう思ったとしてもばちは当たるまい。それでもなお、ポステコグルーを連れてセルティックパークやアイブロックス［訳注：同じグラスゴーを本拠地とする宿敵レンジャーズのスタジアム］を訪れた時点では、数十年後に彼がセルティックの監督になるとは信じられなかっただろう。

ブレアはまだ12歳のときに家族とオーストラリアのビクトリア州に移住したが、グラスゴー訛りを9割方維持している。例の写真を私に差し出しながら、「グラスゴーにはしょっちゅう帰っていたからな。長期休暇のときは毎回だ。試合をこなし、シーズンが終わったら出発していた」と笑って説明した。

「その一回にアンジェを誘ったことがある。たしか、あいつがロンドンに行こうとしていたからだ。それで、実際にグラスゴーに来て、一緒に過ごした。二人でサッカー場を巡り、セルティックパークとアイブロックスの見学ツアーもした。全部、アンジェの計画でな。試合はなかったが、両方ともツアーには連れていった。そのときに俺の生まれ故郷のドラムチャペルに滞在したから、アンジェはグラスゴーをよく知っていた」

ブレアは続けた。

「そこがアンジェの物語の素晴らしさだ。想像できるか？　君が書いたアンジェ・ポステコグルーという監督の本を誰かが手に取って、あいつの出自やあいつが乗り越えてきた困難を知る。あいつがセルティックの監督になるなんて、想像もしてなかった。力不足ってことじゃなくて、チャンスがなけりゃどうしようもないって意味だ。とにかく信じられない話だよ。あいつが初めてセルティックパークに行ったとき、俺たちは20代半ばだった。写真を見てくれよ。昔の狭苦しい回転式ゲートに体を押し込んでいるだろう。この25年後や30年後に起こることなんて、誰が予想できた？　アンジェはサッカーを心から愛していた。観衆も、選手も、すべてがあいつを奮い立たせた。でも、俺たちの間には相容れない部分もあったな。俺はいつでも、自分のセルティック愛をアンジェに注入しようとしていた。今振り返ると、どうかしてるだろう？　でも実際、脳みそにねじ込もうとしたけど、全然ダメだった。受けつけないんだ！　だけど、下手な鉄砲も数打ちゃ当たると思って、セルティックのことをあれこれしゃべった。結局、あいつはずっとリバプール派だったけどな」

選手時代のポステコグルーはビル・シャンクリー関連の本に没頭するか、アンフィールドでの試合の情報をチェックしていることが多く、ヨーロッパサッカーでリバプール以外を応援しそうなそぶりは見せなかった。サウスメルボルンの主将として国内リーグ優勝に邁進しながら、〝マージーサイドの赤いほう〟によるセルティックの売り込みをやめなかったという彼の姿を見ながらも、ブレアはセルティックの売り込みをやめなかったということだ。

ブレア自身、サウスメルボルンとサッカルーズの両方で殿堂入りした名ディフェンダーだ。「アンジェはケニー・ダルグリッシュにも夢中だった。だから、ケニーの歩みに目を向け、彼がセルティックでプロデビューしたことを知り、セルティックに興味を持った。それから、リバプールとセルティックの両方のサポーターが『You'll Never Walk Alone』をスタジアムアンセムのように歌っていることにも気づいた。すごい展開だと思わないか？ ほかのクラブの監督になる可能性だってあった。キルマーノックとか、スコットランドのよそのクラブだ。たとえば、ハーツに行くことだってありえた。なのに、『You'll Never Walk Alone』とケニー・ダルグリッシュでつながったクラブに行った。これは運命か？ ただの偶然か？ これは運命で、起こるべくして起こったことじゃないだろうか」

宿命や運命の存在を信じるかどうかはその人次第だが、一般論として、成り行き任せですんなり夢の仕事に就ける者はいない。ロシアの諺にも〝祈れ、しかし岸へ漕ぎ続けよ〟とある。

オーストラリアでサッカーに携わる者の第一の目的地は今もヨーロッパであり、ポステコグルーもそこに近づく努力を決してやめなかった。しかし、セルティックがポステコグルーに賭ける意思を固めるまでに、彼は多くの拒否反応に見舞われた。忘れてならないのは、それまで監督の座はおそらくエディ・ハウを呼ぶために空けられていた、ということだ。ポステコグルーについては、ほぼ全サポーターがせいぜい二番手としか思っていなかった。粘り強さはポステコグルーの物語の柱となっている。サッカーを生み出し、経済、社会、文化において桁外れに重要な産業として成立・変容させてきたヨーロッパ。その地を目指す彼の挑戦は、ことごとく知名度のなさと排他性に阻まれてきた。例外と呼べるのは、ギリシャ下部リーグでの短く、予想どおり混沌とした日々だけだ。そんな境遇では、粘り強さが自ずと必要になる。

「アンジェの意欲を疑うような話を聞くと、笑ってしまう」とブレアは言う。

「ドアはいつも閉ざされていた。アンジェがオーストラリアを出たがっても、ヨーロッパではドアが全部閉まっていた。言われることはいつも同じ。『お前は誰だ？　ポステコグルー？　実績は？　ああ、オーストラリアでね。だめだ、それじゃ話にならない。サッカルーズの監督だった？　オーストラリア代表のことか？　それでもだめだ』って。チャンスは皆無だった。

もちろん、アンジェのことは大した指導者だと思っていたが、駆け出しの頃だとか、ちょっとした失敗はあった。成功ばかりじゃない。世間は最高にうまくいったとしか思っていないが、実際は違う。厳しい経験もしたし、つらい時期もあった。それでも、あきらめずに自分が考えるサッカーを貫いたんだ。

サッカルーズと、その後は日本でも大成功した。それで成功が積み上がり始めたんだ。あとはもう、誰かが『このドアが開いてるぞ。チャンスがあるぞ』と言ってやるだけだ。そして、実際にそうなった」

ブレアの話の最後のところには、少し訂正が必要だ。控えめに言っても、スコットランドサッカーは少し島国根性を発揮することがある。しかも、セルティックファンは当時、クラブに対して強い不満を抱えていた。リーグ史上最多の10連覇を目指したシーズンが、ニール・レノンの指揮下で混乱のうちに破綻したあとだったからだ。実験のような監督人事を示されても、すんなり支持するわけがない。ポステコグルーは勉強不足の解説者やサッカー好きから、安易に無価値と決めつけられていた。しかも、ファンは夏の間ずっと、エディ・ハウとの契約交渉は細かな詰めを残すのみ、というニュースに触れていた。彼らが聞いていた話では、ハウが壮大なプランとイングランドでの折り紙つきの経歴を引っ提げ、グラスゴーに舞い降りるはずだった。

ブレアも次のように認めている。「アンジェが監督になったときの状況が想像できるかい？　実際、グラスゴーの仲間たちから電話やメッセージがひっきりなしだった！『なんだこれ？』

『こいつは誰だ?』『何が起こってんだ?』『本気なのか?』って。俺でさえ、疑問を感じていた。アンジェの能力を心配したわけじゃない。あいつの実績を知っていたからな。問題は、セルティックの連中がアンジェを信じ続け、やりたいことをやる時間を与えられるかだった。そこが不安だったんだ」

セルティックの練習場に着き、監督室に入ったポステコグルーは、まず数人に電話をかけた。ブレアもその一人だ。ブレアはずっと、セルティックというチームやその歴史についてポステコグルーに語り続けていた。そして、適切な時期に適切な監督を任命すれば、セルティックに栄光の未来が訪れるとしつこく説き続けていた。そんな旧友に最初に連絡を入れたことは、彼の人間性をよく表している。

ブレアは知らない番号からの電話に出たあと、混乱が喜びに変わるまでを話してくれた。

「『誰だこれ』と思いながら電話を取ったら、『よう、スティーブ。アンジェだ。どこからかけてると思う?』ときた。それで『当ててみな!』と言われた。

『わからん。どこだ?』

『今、レノックスタウンの仕事部屋にいる』

『レノックスタウンって、そんなとこで何やってんだ?』

『セルティックの監督になったんだ!』

すごく嬉しくて、誇らしくてたまらなかった。本当によかったと思った。あのときの喜びは二つある。一つは、アンジェが時間を割いて俺に電話をくれたこと。それが俺にとってどういう意味があるか、電話をもらった俺がどう感じるか、あいつはわかってたんだ。もう一つは、純粋にわくわくした。ついにドアを開け、アンジェにチャンスを与える者が現れたんだって思った」

もちろん今となっては明白だが、ポステコグルーとセルティックは理念を共有する者同士が出会い、同じビジョンを描くという、サッカー界ではまれな関係にあった。セルティックの物語すべてを理解することに関し、彼の語り口は自信に満ちている。ポステコグルーが描く大胆な絵のすべてを全サポーターが楽しんだ、とまでは言えないかもしれない。しかし、ときに極端なほど冒険的な彼のサッカーとクラブのサッカーDNAの相性は、もはや言うまでもなく完璧だった。

この本の取材に応じてくれた人のなかには、ポステコグルーがセルティックの監督として初めて臨んだ記者会見での言葉を、ほぼ一言一句、そらで言える人たちがいた。彼が自分のやり方に関する約束を語った部分なら、言葉遣いを正確に再現できなくとも全員がすぐに思い出すことができた。

ブレアは次のように語っている。

「アンジェは最初のインタビューで『皆さんが誇りに思うような攻撃的スタイルのサッカーをお届けする。座っていられず、思わず立ち上がって拍手を送るようなサッカーをする』と言った。それで、どうなった？　完璧に約束を果たしただろう。サポーターたちは、セルティックがあんなサッカーをするところは、もう何年も見ていなかったと言っている。

あえて相手チームにプレスをかけさせたセルティックの戦い方は、サッカーの進歩を示している。もはや別の競技だ。ボールを保持してプレスをかけさせる。あの戦術には脱帽するね。あまり俺の好みには合わんが。俺は前線にロングボールを蹴りたがる旧時代のセンターバックだからな！

でも、あのサッカーには拍手を送るよ。あれがどう成り立っているのか、わかってきたんだ。アンジェはあの戦い方を信じている。こっちがボールを持ち、相手を走り回らせる。それで相手が疲れ、ぽっかり穴が開く。そこが攻めどころだ」

その攻撃的なスタイルについて、ブレアは改めてポステコグルーをたたえた。

「チャンピオンズリーグでのセルティックを見ていると、俺でさえ『いいから守っておけ！』と思うよ。1、2点リードしている試合では、テレビに向かって『ここは守るところだろう！』って叫んでる。でも、アンジェには長年の哲学がある。それに、アンジェがすごいのは、その哲学の土台に豊富な知識があるところだ。すごく若い頃から、取り憑かれたみたいに学べるだけ学んできたからな。それくらい、サッカーを渇望していた。サッカー関係の本や雑誌は片っ端から読んでたし、DVD……ではなく当時はビデオテープだったが、映像も見ていた。試合からクラブの歴史まで、サッカー物ならジャンルはなんでもあった。分析資料やデータもだ。ひたすらサッカーに情熱を燃やしていた。

今だって、サッカーに情熱を燃やす子どもはいくらでもいる。アンジェのどこが違ったかというと、その情熱を行動に結びつけたところだ。あいつは挑戦し、色々なことを試し、失敗もした。でも、それが今になって実っている」

多くの人が感じていることだが、サウスメルボルンの文化とセルティックの物語には自然なつながりと親和性がある。どちらも移民が設立し、サウスメルボルンはギリシャ、セルティックはアイルランドの系譜を誇る気持ちが強い。さらに、どちらも必要に迫られて生まれ、自然に発展できたスポーツチームでもある。

栄えあるサウスメルボルンの〝20世紀ベストイレブン〟の一人であり、祖父の代からのセルティックファンでもあるブレアは、両クラブを比較してもらうのに理想的な人物だ。「アンジェはセルティックが創設された理由に対し、親近感を抱いている。それは要するにコミュニティーであり、コミュニティーが何より重要なところはサウスメルボルンも同じだ。アンジェの言葉を借りれば、クラブをサポートすることが伝統として受け継がれている。ちょうど、俺が父親や爺さんから受け継いだように。そういうこと全部をあいつは理解している」

「たとえば、アンジェがサウスメルボルンの選手になったことを、あいつの父親はすごく誇らしく思ったに違いない。俺たちセルティックサポーターも同じで、チームを誇りに思っている。これも間違いない。セルティックは単なるサッカークラブじゃない。それ以上の意味がある。アンジェが理解しているのは、そういうところだ。〝ただのサッカークラブ〟という認識で入ってくる監督もいるかもしれないが、そうじゃない。そこをアンジェはわかっている。セルティックにはサッカーを超えた意味があるってことだ」

セルティックが誇る最高の伝統を〝部外者〟が自らに取り込むうえで、ポステコグルーの言動はおそらく最適だった。彼はオーストラリアで難民の定住支援に取り組む人々に対し、公の場で賛辞を贈っていた。サッカーを何より優先する姿勢を変えたわけではないが、この言動は彼の社会的な良識を示していた。さらに、遠く離れた二つのクラブの共通点も浮かび上がらせていた。

ポステコグルーは2022年2月、オーストラリアの動画配信サービス『スタン・スポーツ』の番組で、次のようにセルティックに言及している。

「クラブのこれまでの歴史や、貧しいアイルランド系移民を養うという現実的な創設理由。このクラブの背景には、今日まで続く目的があった。

もちろん、母国で移民である私にとって、そこは強く共鳴するところだ。サウスメルボルン・ヘラス、メルボルン・クロアチア、シドニー・クロアチアといったクラブも、すべて同じ背景から設立された。サッカーのためだけでなく、新たな土地での暮らしに適応しようとする人々を助けるためだった」

ポステコグルーはそういう意義ある役割をサッカーの世界で見いだし、そのことを静かに誇っている。どんな不自由や不便、心を苛むストレスがあろうと、セルティックの監督という職は望んでやまないものだった。彼はその地位を楽しみ、世界的知名度のあるクラブの施設内に友人を招ける立場をありがたく利用した。

サウスメルボルンの元チームメート、ティム・シュレーガーも、新たな環境に移ったポステコグルーに会いに行ったことがある。シュレーガーは怪我によって22歳で現役引退を余儀なくされたのち、スポーツ科学専門家として身を立てた。今では育成年代のサッカー選手から現役オリンピック選手に至るまで、幅広いアスリートと仕事をしている。彼はいかにもオーストラリア人らしい愉快な感性で、旅の土産話をしてくれた。現地の人と会話するたびにポステコグルーの名前が出るおかげで、得をしていたそうだ。

「本当に面白かった。グラスゴーの空港に着くと、まずは『おいあんた、訛りがあるな！』と言われる。それで、『ああ、仲間がこっちのチームで監督をしてるんだ』という話になる。すると、相手から『ちょっと待て、あんたアンジェの知り合いなのか？』とくる。向こうにいる間、タクシー代もビール代もおごりで、一度も払った覚えがないくらいだ！

セルティックでの成功には少しも驚かなかった。アンジェを見ると、すべてに抜かりがない。マンマネジメント関連で読んでいない本はないし、検討していない選択肢や想定外の事柄が何一つない。自信家に見えたり、頑固や傲慢といった印象を受けたりするかもしれないが、俺からしたら『いや、別に驚くことじゃないだろ』って話だ。ものすごい努力をしているんだから、それくらいの態度で当然だ。

だからこそ、就任初期の記者会見で『私が今言ったことをシーズンが終わるまでに思い出すだろう』みたいなことが言える。あれにも驚かなかった。必要なことをするってことに関して、アンジェには自信があるからだ」

ポステコグルーがセルティックの監督を引き受けるのに、自信が必要だったことは言うまでもない。すでに説明したように、彼はアシスタントコーチに信頼できる馴染みの人物を連れていくことも、自ら適任者を指名することもなく、いわば孤立無援の状態で監督に就任した。レノックスタウンでコーチ陣がいる部屋に入るところを、想像してみてほしい。事前の情報は、前任のレノン体制でジョン・ケネディとギャビン・ストラカンが裏方スタッフの中心人物だったことと、前シーズン終盤のレノン解任後に彼らが暫定で指揮をとったことだけ。苦しみに耐えるシーズンだったことを思えば、暫定監督という役回りは名誉とは言えない。

エディ・ハウがセルティック監督就任を断った理由は周知のとおりで、本人いわく、ジェイソン・ティンダル、スティーブン・パーチェス、シモン・ウェザーストーンという3人の側近全員と契約するのをクラブ側が拒んだからだ。だが、ポステコグルーは違う選択をした。知った顔がいないうえ、自分の監督就任が誰の機嫌を損ねたのかも、誰を信頼していいのかもわからない環境に身を置くことにしたのだ。しかし、彼は初対面のコーチ陣に対してチームの展望を描き、自分が示す道は正しいだけでなく唯一の道なのだと説得した。

シュレーガーは、旧知のポステコグルーと今も連絡をとり続けている。「素晴らしい物語だよ。外から見ているだけじゃ気づかないだろうが、アンジェはまったく違うグループに加わった。前任者は解任されたのに、アシスタントコーチ2人は残っていた。アンジェが何て言ったか、俺にはわかる。『お前らには俺を支える気がないかもしれない。俺とやっていく気がないかもしれない。だが、お前らが気に入るかどうかは関係ない。これがうちのサッカーだ。うちはこのサッカーでやっていく。意見があるのはかまわんが、一緒にやっていく気がないなら消えてくれ』。アンジェは俺よりも言葉遣いが上品だから、一言一句同じじゃないかもしれないが、そういうメッセージだっただろう」

ポステコグルーは監督就任から1年後、スタッフの陣容に重要な変更を加えた。ファーストチームのコーチだったスティーブン・マクマナスがローランドリーグ（5部相当）所属のセルティックBの監督になったため、元オーストラリア代表のレジェンド、ハリー・キューウェルを後任として引き入れたのだ。外部から見る限り、旧知の仲間に重要な仕事を任せ、安心を求めたような人事だった。少なくとも、セルティックの状況を細かく追っていない人の目にはそう映っていた。だが、その見方はあまり当たっていない。キューウェルに声がかかったのには、いくつか理由がある。彼は当時、クローリー・タウンやノッツ・カウンティ、オールダム、バーネットといったクラブの監督を務めたあとで、グラスゴーから電話を受けたときは新たな監督の仕事の面接に向かっていた。本人にとっては驚きだ。

シュレーガーは「アンジェがハリーを引っ張ってきたわけだが、彼らの過去も面白い」と語っている。

「アンジェは2014年ワールドカップにハリーを連れていかず、オーストラリア代表でのハリーのキャリアを実質的に終わらせた。つまり、関係はあまりよくなかった。二人がつながったのは、ビンス・グレッラ（元オーストラリア代表選手で、現在は代理人）がいたからこそだ。やつが『ハリーにチャンスをやったらどうか。彼はサッカーをわかっている』みたいなことを言ったんだ。ここでまたアンジェの人格者ぶりが出て、『ああ、そうだな。ハリーに任せてみよう。チャンスを与えよう。ちょっとオーストラリア人を入れてみよう』となった。

最近二人と話をしたときに聞いたところでは、ハリーはうまくやっていた。特に前線の4枚に関して自信があるらしい。ジョタたちを指導して『やってみろ。大丈夫だから。君らはフォワードなんだから、挑戦しないと。トライをやめないでくれ』と背中を押していたそうだ。

その辺は、アンジェにはできないことだっただろう。でも、そこもアンジェの人間性の強みだ。『そりゃあ、ハリーは最初、私にいい印象をもっていなかったかもしれない。君をワールドカップメンバーには選ばない、君は終わりだ――と伝えた過去があるしな』なんて言いながら、セルティックで一緒にトロフィーを獲っちまった」

オーストラリアのサッカー関係者は驚異的に結束が固く、大舞台で自分たちの声望を高めた人物を誇る気持ちが非常に強い。〝アンジェボール〟を取り巻く狂騒や、そのサッカーがセルティックで再現されたことによる熱狂は、リーズやリバプールに在籍したキューウェルなど、スーパースター選手の成功が生み出した興奮とよく似ている。セルティックの試合は時差に関係なく欠かさず見ている、と私に教えてくれたメルボルン市民の数から考えると、ポステコグルーがいた2年間の試合はオーストラリアで絶大な評価を得ていたに違いない。

ヌナワディン・シティFCでサッカー活動を統括するニック・ディミトラキスも、ポステコグルーと連絡を取り続けている。「ええ、全試合を見てます。でも、ブリスベン・ロアーでの試合もここで見ていたし、日本にいた頃の試合もそうです。どこのチームにいようと、アンジェを追いかけてきました。一部始終を見てきたんです。私たちにとっては、今に始まった話じゃない。スコットランドの人たちには、目新しいのかもしれませんが」

ポステコグルーがセルティックファンの崇拝の対象となったのは、スコティッシュ・プレミアシップで優勝したからだ。今のように称賛されるまでには、しばらく時間がかかった。地元ファンでも国外のファンでも、正直者ならそう認める。サッカー関連のサクセスストーリーには、結果を出せない時期がつきものだ。主人公は窮地に陥り、もう一発でノックアウトというところまで追い詰められる。2021年10月3日の曇天の日曜日、ポステコグルーはまさにそういう状況にあった。再建途上で苦戦の続くチームを率い、アバディーンFCとのアウェイ戦に臨んだときのことだ。ファンや解説者の間では、この第8節で彼が倒れるという見方が少なくなかった。

セルティックはすでに、チャンピオンズリーグから敗退していた。まだ2次予選の段階で、デンマークのFCミッティランに敗れたのだ。一段格下のヨーロッパリーグの本戦に回ってからも、アウェイでのAZアルクマール戦に1対2、同じくアウェイでのレアル・ベティス戦に3対4で敗れ、本拠地セルティックパークでのバイヤー・レバークーゼン戦では0対4という痛恨の大敗を喫していた。サポーターの雰囲気は険悪になった。プレミアシップでの成績に、ただでさえ不満をためていたからだ。第7節終了時点でなんと6位に沈み、前を行く宿敵レンジャーズとの勝ち点差は6ポイントに広がっていた。とりわけアイブロックスで行われたグラスゴーダービーでの敗戦は、誰がセルティックの監督でも望ましくない出来事だった。ハーツとリビングストンにも敗れており、チームがポステコグルーの構想にうまく適応できていないことが見てとれた。

セルティックはホームで行われたプレミアシップ第7節、ダンディー・ユナイテッド戦を1対1で引き分けたのち、レバークーゼン戦の大敗を挟んでアバディーン戦を迎えた。直近の公式戦8試合で2勝しかできないまま、北部グラニトシティの敵本拠地ピットドリー・スタジアムへと旅立ったのである。プレミアシップのホーム戦でロス・カウンティーに3対0、リーグカップのホーム戦で下部リーグ所属のレイス・ローバーズに同じく3対0で勝ったことは、両チームには失礼だが、さほど重要視されていなかった。

元セルティック主将のスコット・ブラウン擁するアバディーンとの一戦は、残り6分の時点で引き分けに終わろうとしていた。古橋亨梧のゴールで前半11分に先制したものの、後半11分のコーナーキックからルイス・ファーガソンのヘディングで追いつかれてしまったのだ。ナイフは磨がれ、不穏な空気が漂っていた。そして迎えた後半39分、途中出場のトム・ロギッチが50センチ足らずの隙間をつくる得意のプレーを見せた。彼がペナルティエリアの左角に上がっていた若手サイドバック、アダム・モンゴメリーにパスを通すと、モンゴメリーがゴール前に低いクロス。ジョタがゴール至近距離で合わせ、勝ち越し点が決まった。このゴールがチームの分岐点だったのだろうか。間違いなく、ポステコグルーはそう考えていた。

監督就任から1年が過ぎた頃、彼は最初のシーズンを振り返り、滑り出しが厳しくなることは予想していたと強調している。チームが移行期にあり、準備万端とは程遠い選手たちを出場させざるをえなかったからだ。ハーツの本拠地タインキャッスルで迎えた開幕戦、新加入の古橋は試合前の食事の席でチームに合流したばかりで、終盤での投入となった。カール・スターフェルトは先発したが、まだ1回もチーム練習に参加していなかった。

ポステコグルーはポッドキャスト『キャリー・クラブ』に出演した際、チーム構築のスピードアップを試みていると認めた。シーズン序盤の結果は「カオス状態」だったと打ち明けつつ、「最初の期間をすぐに抜けられて、チームが機能したら、自分たちのサッカーでインパクトを残せると本気で信じていた。どこで指導しようと、それが私の仕事の基礎になっている」と強調した。

ピットドリーでの勝利が重大だったことに異論はない。ただし、この勝利をめぐるポステコグルーの着眼点は興味深い。レンジャーズの背中を見失い、サポーターたちが神経を尖らせていたにもかかわらず、彼らからの視線の変化を気にしていなかったのだ。ポステコグルーが見ていたのは、チーム内の化学反応に対する勝利の影響だった。

「私の考えでは、あれはファンよりも選手にとって大きな瞬間だった。何かが起こっていることは、あの試合の前からファンにも見えていると感じていたからだ。ホームで大勝した試合もあった。２試合連続の６対０での勝利（対戦相手はダンディーＦＣとセントミレン）もあった。亨梧のハットトリックもあった。だから、種が蒔かれていることはファンにもわかっていたんだ。でも選手にとって、あの試合は本当に大切だった。アウェイでの勝利は確信を強めるし、それが鬼門のアバディーンならなおさらだ。

勝ち方も重要だ。終了間際の決勝点。あのとき、振り子が選手の側に振れるのを感じた。それまでは『時が来るまでの辛抱だ。成果は出るから』と選手に言い聞かせていた。おそらく、あの試合で選手は『そうか、監督が言っていたのはこれか』と感じたんだと思う」

とはいえ、ポステコグルーが敵地で勝つのを見るため時間を捧げたファンにとっても、終了間際に勝利をもぎ取ったアバディーン戦は重要だった。その意味が過小評価されたわけではない。遠くオーストラリアでは明け方まで粘り、アンジェボールの進化史の決定的瞬間を目撃した人が多かった。ディミトラキスのような人々にとって、セルティック戦にチャンネルを合わせることは献身の問題だったからだ。それに加え、試合が気になって寝つきにくいとか、まったく眠れないという理由もあった。

ディミトラキスは笑いながら「あのセルティックは見ていて楽しかった」と振り返った。

「これは、譲れない原則の話です。1シーズン目のアバディーン戦、たしか残り5分でした。引き分けでは満足できない状況で、ついに実況が『これだけではだめです。ボールを左右にしか動かしていない。引き分けで御の字でしょう』なんて言い出しました。

でも実際、アンジェはあれを待っていたんです。相手チームを左右に揺さぶってギャップを生み出し、そこを突く作戦だった。そういう場面を何度も見てきました。ブリスベン・ロアーでのプレーオフ決勝や、ほかにも多くの試合で同じことがあったし、後半45分で起こることもありました。

そうやってセルティックが勝ち、まさにあの日、あの日からアンジェの状況は一変します。残り5分でスコアは1対1。自分のクビが迫っていても、原則を貫いた。ペナルティエリアにロングボールを放り込み、こぼれ球を狙うような、そういう戦い方はしなかった。試合開始から終了まで戦い方がぶれなかった。そして、あの試合からすべてが変わった。もう一度、録画を見てみてください。素晴らしい試合です。ジョタが決めたときの私の雄叫びが、メルボルンから聞こえるかもしれません！」

ポステコグルーはセルティックの監督になったとき、クラブの公式発表にコメントを寄せた。彼は世界屈指の名門を率いる名誉を授かったと述べ、セルティックのことを「確かな体制を築いたサッカークラブであり、それを超越した存在でもある。真の歴史と本質、真の正統性、真の魂がある」と称賛した。〝リスボンのライオンたち〟〔訳注：1967年にヨーロッパ王者になったセルティックの選手たちの愛称〕の話を聞かされたり、ダニー・マクグレイン〔訳注：1970～80年代のセルティックに17シーズン在籍した元選手〕に憧れたり、といった子ども時代を彼は過ごさなかった。昔からセルティックを愛していたかのように装い、生まれながらのファンを騙《かた》ろうともしなかった。しかし、このクラブの文化に馴染むことも、自分は本物だとファンに認めさせることも、彼にとっては難しくなかった。

ポステコグルーの古巣、サウスメルボルンはオーストラリアサッカー史上最も成功したクラブであり、現在は新設の国内2部リーグ〝ナショナル・セカンド・ティア（NST）〟を通じて栄光の再現を目指している。クラブの元会長にして生粋のサッカー人であるニック・ガラタスも、この挑戦に貢献している。ガラタスは「サポーターがサッカーチームを支えるのは、サッカーを愛し、サッカーの虜になっているからだ。アンジェはサポーターの情熱を理解し、自分自身がサッカーにどっぷり浸かっているので、そういう情熱を体現できる」と語った。「セルティックのように大きなクラブのサポーターに支持されたのは、アンジェがサッカーの申し子だからだ。アンジェはサッカーを学んだのではなく、サッカーから生まれた。確かな体制と情熱があり、血肉の通ったサッカー環境で育った。アンジェの言葉がサポーターの心に響くのは、彼らが『こいつ、俺たちのことをわかってるぞ』と思うからだ。その認識は正しい。

アンジェはわかっている」

今振り返ると、ポステコグルーとセルティックの契約は完璧に近いめぐり合わせに見えてくる。両者は間違いなく、心から理解し合っていた。ラブストーリーのような表現に見えるだろうか。もちろん、ラブストーリーそのものだ。この古典的な恋物語は、一人の若者がスタジアムの前に立ち、トロフィールームの見学を申し込んだときに始まっていたのである。

運命の一戦

アバディーン（1－2）セルティック
2021年10月3日（日）
スコティッシュ・プレミアシップ　第8節

余裕の勝利とはいかなかったが、セルティックはこの試合に勝って6位を維持した。5位から上はダンディー・ユナイテッド、マザーウェル、ハイバーニアン、ハーツ……首位がどこかは言わずもがなだ。ピットドリーでの試合終了間際の決勝点。第2次ニール・レノン体制末期を含め、プレミアシップでは約8カ月ぶりのアウェイ戦勝利。その重要性は計り知れない。

セルティックは正午の試合開始時点で、首位レンジャーズとの勝ち点差を6ポイントに広げられていた。レンジャーズはこの日の午後、本拠地アイブロックスでハイバーニアンを下したため、セルティックがアバディーンに負けていた場合、グラスゴーの掟によって新監督は絶大な重圧にさらされるところだった。外部の批評家からサポーター内の懐疑派に至るまで、それまで小さく漏らすだけだった不満を、声を限りに叫び始めていたことだろう。それどころか、スコットランドサッカーに不向きなことが明らかになった監督との〝実験〟を中止せよ、と経営陣に求める可能性さえあった。

試合の背景に目を向けると、ポステコグルーのセルティック監督就任から数カ月は事前の想定に劣らぬ波乱と困難に満ちていた。ただし、ファンの多くはこの展開が十分にありうることを理解していた。新監督が引き継いだのは、前任のレノンと暫定監督のジョン・ケネディの下、2010年以来のシーズン無冠に終わったチームだったからだ。スコットランドサッカーに馴染みのない方々には、事の重大さを理解してもらう必要がある。端的に言って、セルティックが無冠に終わることは受け入れようのない失態なのだ。さらに、ポステコグルーは馴染みのスタッフを連れずに就任するという条件を飲んでいた。今の時代、監督たちはアシスタントコーチから分析担当者、栄養士、フィットネス専門家に至るまで、自分が重用しているメンバーとも契約するようクラブに迫るので、単独でクラブを移ることは滅多にない。要するに、シーズン序盤の停滞には情状酌量の余地があったということだ。

しかし、こうした事情を踏まえてもなお、サポーターは開幕以降の戦績に心の底から恐怖した。彼らはブレンダン・ロジャーズとの別れで恋人に振られたような心の傷を負い、前シーズンには優勝に突き進むレンジャーズの姿に苦痛を味わっていた。そんな状況で、オーストラリアと日本でしか成功経験がなく、どちらの実績も信用に値しないと酷評される新監督を信頼しろと言われていた。そして迎えた新シーズン、チームはチャンピオンズリーグ2次予選でミッティランに敗れ、プレミアシップ開幕戦ではアウェイのハーツ戦を1対2で落とした。体勢を立て直してヨーロッパリーグの本戦出場権を獲得し、プレミアシップではダンディーFCとセントミレンにそれぞれ6対0という見事な勝利を飾ったが、そこから10月初めのアバディーン戦までは振るわなかった。レンジャーズのフィリップ・ヘランデルにヘディングで決勝点を奪われ、シーズン最初のダービーマッチに敗れると、リビングストンにも黒星をつけられ、ダンディー・ユナイテッドにも引き分けがやっとの苦戦を強いられた。「ほらな。彼には無理だった。スコットランドサッカーの特殊さに適応できなかったんだ」という声が聞こえていた。

アバディーン戦、セルティックは古橋亨梧の先制点で早々にリードしたが、後半初めにルイス・ファーガソンの同点弾で追いつかれた。元セルティック主将のスコット・ブラウンに強烈なヘディングシュートを許し、ゴールキーパーのジョー・ハートが間一髪でセーブした場面は、あわや逆転負けかというピンチだった。その末に訪れたのが、ポルトガル人ウインガーのジョタによる決勝点だ。得点感覚に優れたジョタは巧みな動きでゴール前のスペースを狙い、低いクロスに滑り込んだ。ほとんど〝触るだけ〟のシュートだった。このゴールについては先ほども説明したので、これ以上は自重しよう。

ポステコグルーは試合後、選手たちが示した技術や賢さではなく、同点弾から立ち直った精神力についてコメントし、「これまでは、おそらくああいうところに疑問をもたれていた」と指摘した。

このアバディーン戦以降、選手の精神力や、新監督の要求に対する理解を問われる機会はほとんどなかった。プレミアシップの残り全試合を無敗で終え、宿敵レンジャーズから王座を奪還したからだ。今思えば、ジョタがピットドリーで終了間際のゴールを決めなくとも、まったく同じ結末に至った可能性はある。しかし、サッカーは勢いや流れが重要な競技であり、当時はあのゴールが分岐点のように感じられた。むしろ、ただの分岐点ではなく、より重要な瞬間だったようにさえ思えてくる。

第13章 進化するアンジェボール

アンジェ・ポステコグルーは経験豊富な監督だが、トッテナム・ホットスパーの監督の有力候補に浮上すると自然と懐疑の目が向けられた。あらゆる批評の対象となり、過去の実績や成功は軽んじられ、品定めの苛烈さは完全な中傷と紙一重だった。言い換えれば、これまでと同じことが、ここでも繰り返されたということだ。当人にとっては、すべて経験済みの出来事だった。

自分の価値を証明するよう絶えず求められ続ければ、うんざりすることも当然あるだろう。しかし、ポステコグルーがその境遇に不満をぶちまけることは珍しい。実際、三流リーグからやってきた無名監督と酷評されようと、〝まとも〟なリーグでは絶対に失敗するずぶの素人と呼ばれようと、彼が優勝パレードや勝利監督インタビューで批判派をこき下ろし、意趣返しするようなことは滅多にない。

ポステコグルー自身が重々承知していることだが、実際のところ、優勝も連続無敗記録も大胆な戦術も、どこで実現したのかに応じて価値が換算される。彼が日本に渡った直後、横浜F・マリノスの選手たちの反発に遭った一因は、オーストラリアでの実績全体を低く見積もられたことにある。その低評価の理由は、単純にそこがオーストラリアだったからだ。同様の高慢さは、セルティックファンの間にも出現した。ポステコグルーのやり方はAリーグで成功し、日本で勝てるチームを構築するのにも最適だったが、スコットランドの激しく荒々しいサッカーには移植できないと思われていた。

では、トッテナムのサポーターたちはどうだったのだろうか。彼らはSNSなどのあらゆる場でポステコグルー獲得の動きに言及し、クラブが手に負えないほどの混乱に陥っている証拠だと責め立てた。こうした見方が出ることはもとより避けがたかったが、当時はセルティックでの成功の価値が一段と目減りしていた。元レンジャーズ監督のスティーブン・ジェラードがアストン・ビラで、元セルティック監督のブレンダン・ロジャーズがレスターで、立て続けに失敗したばかりだったからだ。トッテナムは常に自らを格式あるクラブとして演出してきた。監督候補にはそれに見合った華のあるビッグネームが並び、ポステコグルーはどう見ても異色だった。

しかし、ポステコグルーの歩みを深く理解すれば、トッテナム会長のダニエル・レビーが大胆な(あるいは勇敢な、もしくは無鉄砲な)行動に出た理由がわかるだろう。選手や指導者を養成する場としてのスコットランドサッカーの適性は、ここでは置いておこう。注目すべきは、ポステコグルー体制2年目の2022/23シーズン、セルティックが一貫して卓越性を維持し、スコティッシュ・プレミアシップ、スコティッシュ・カップ、スコティッシュ・リーグカップの三冠を達成したことだ。彼らの戦いぶりは、進化史における大きな飛躍のように感じられた。たとえるなら、小さなバグをいくつか含んでいたゲームモデルにOSのアップデートが施されたかのようだった。〝アンジェボール2・0〟と呼んでもいい。

もちろん、セルティックパークを楽園と呼ぶほど信仰の厚いファンにとって、彼らが目にした試合には単なるOS更新を超える意味があった。シーズンは2022年7月31日に開幕し、2023年6月3日、ハムデンパークでのスコティッシュ・カップ決勝で幕を閉じた。キャプテンのカラム・マグレガーが優勝杯を掲げるまでに展開されたサッカーは、彼らにとって信じる心の象徴であり、勝利の先を目指す信念が生む力の証だった。だからこそ、多くのファンがポステコグルーとの別れをつらく感じたのだ。

もう一つ、この10カ月間にファンが味わったエンターテインメントには2年間の仕事を超えるものが結実していた。セルティックは2022/23シーズン、3つの優勝トロフィーを掲げただけでなく、同じグラスゴーの好敵手とされるレンジャーズをほぼ完全に支配した。ポステコグルーが少年時代から探究してきた命題が、ここで証明されたのだ。監督人生のほとんどで、勝つだけでなく、試合を完全に支配するための鍵としてきたコンセプトが、ありありと、生き生きと、そして力強く表れていた。

ポステコグルーは自分のやり方が場所を変えても通用することを、オーストラリア、日本、そしてスコットランドで示してきた。自分のプレースタイルはしっかり地に足がついたもので、大きく異なる環境において、あらゆる対戦相手を屈服させうるのだと立証してきた。そして、低迷したチームを浮上させ、初期の難局を乗り越え、高みに至るための新たな道を見いだす能力が自分にあることを見せつけてきた。このことは、気まぐれなサッカー監督市場において彼が引く手あまたの優秀な人材であり続ける理由となっている。

この点で、セルティックがポステコグルー体制2年目も前進を続けたこととの重要性は軽視できない。コーチ陣が同じクラブに長くとどまり、長期的なプロジェクトを築くことがまれな時代、彼と選手たちがあらゆる面で改善を続けたことには明確な価値がある。ポステコグルーのセルティックは1シーズン限りの一発屋で終わらず、スコットランド最高のチームとして文句なしの地位を確立した。イングランドの読者から意地の悪いジョークが聞こえそうだが、これは見た目ほど簡単なことではない。それに、特筆すべき点はもう一つある。彼らがチャンピオンズリーグでも堂々たる戦い方（見方によって、勇敢とも大胆とも言えるし、空想的と言うことさえできる）を披露し、勝利というわかりやすい結果を出さずとも喝采を浴びたことだ。では、上昇を続けたことが、なぜそこまで大事なのだろうか。端的に言えば、２０２１／22シーズンのプレミアシップ優勝時の32試合連続無敗という記録によって、ハードルが上がっていたからだ。

ポステコグルーの見解によると、サッカー界で成功を続ける厄介さは、音楽業界でセカンドアルバムをヒットさせる難しさに引けをとらない。全方位から疑念を向けられ、あらゆるところから〝自殺的戦術〟を放棄するよう叫ばれていた就任当初と比べ、セルティックでの２シーズン目はこの上なく快適だった。しかし、勝利に次ぐ勝利で批判派が口をつぐんでも、わずかではあるが、より大きな疑念に苦しんだと本人が認めている。これは、一部の心理学者が〝パラダイスシンドローム〟と呼ぶ状態の一種だ。頂上に達したことで、向かうべき先がわからなくなったのである。

ポステコグルーは次のように語っている。「成功したあとで一番難しいのは『次の段階は？』ということだ。私にとっては、あのときが一番きつかった。私は物事がうまくいっているとき、『次のステップはなんだ？　今やっていることを、次はどう進化させる？』と自問する」

クラブ史上8回目の三冠（興味がある読者のために記すが、世界最多である）を達成し、スコットランドでのタイトルを総なめしたことは紛れもない進歩の表れであり、ポステコグルーが自らの意図と志、ハイテンポなサッカーを追求する正当性の証明でもあった。プレーや勤勉さ、走りや思考力で相手チームを凌駕したい――そういう願望をそれらしく語った指導者は、ありとあらゆる環境で無数に存在した。しかし、その志を実行に移せる指導者はほとんどいない。ポステコグルーはそこが違う。彼は執拗なまでにポゼッションを重視するゲームプランによって、少なくともスコットランドでは有言実行した。〝ポゼッション〟という言葉の上では単純なコンセプトが完璧に近いレベルで遂行されたとき、一層また一層と複雑な模様が織りなされることを見せつけたのだ。

セルティックはポステコグルー体制2シーズン目、相手選手の体力を奪い、大量のミスを誘発するサッカーを展開しながら、嵐のような勢いでプレミアシップ連覇に突き進んだ。ハイペースで勝ち点を重ねた影響で、宿敵レンジャーズの監督はシーズン途中で解任された。その後任監督は遅ればせながら、王者セルティックと名目上の挑戦者たる自分たちに大きな実力差があることを認める羽目になった。最終順位表の勝ち点差から推し量れる両者の隔たりは実際の半分程度に過ぎず、指揮官が指摘した明白な事実を否定できる者は、レンジャーズファンの間でも多くなかった。

セルティックは2022/23シーズン、直接対決のたびにレンジャーズを圧倒し、完膚なきまでに叩きのめした。さらに、相手の勝利の芽をつむため、新しく興味深い方法を見いだした。そして、ファンたちの常套句のとおり〝グラスゴーは緑と白〟、つまりセルティックのものであることを、同じグラスゴーのガバン地区を拠点とするライトブルー、つまりレンジャーズに思い知らせた。シーズン最後の対戦だけは敗れたが、すでに優勝が決まっていたため、注目は集まったものの重要とは言いにくい試合だった。

そんなセルティック優位の流れを決定づけたのは2022年9月、シーズン最初のグラスゴーダービーだった。彼らはこの試合、ジョバンニ・ファン・ブロンクホルスト指揮下のレンジャーズに4対0で圧勝した。あの対戦はもはや競い合いではなく、レンジャーズにとっては辱めの儀式だった。自分たちを屈服させ、ただ勝つだけでなく打ちのめすことを絶対必須の心構えとする相手から、暴虐の限りを尽くされたのである。その後もレンジャーズの苦役は続いた。ファン・ブロンクホルストは11月まで解任されなかったが、セルティックパークでの負け方の酷さが転落を加速させたというのは、衆目の一致するところだ。その結果、後任を託されたマイケル・ビールが運を試すことになった。

レンジャーズが必勝を期して臨んだ年明けのアイブロックスでの一戦、セルティックが1対2でリードされた試合を引き分けに持ち込んだことは、現役王者による断固たる意思表示に見えた。その後、残り2試合のプレミアシップでのダービーは互いに1勝ずつで終えた。このうちセルティックが3対2で勝った4月のホーム戦には、絶え間なく動き続ける彼らの戦い方が鮮やかに体現されていた。もちろん、1カ月後のアイブロックスでシーズン最後のダービーを0対3で落とした事実は、基準を下げることを受け入れないポステコグルーを失望させた。しかし、アリスター・ジョンストンやキャメロン・カータービッカーズ、得点王の古橋亨梧を先発メンバーから欠いた試合での敗戦は大して批判されなかった。チームはその1週間前、ハーツとのアウェイ戦に勝ってリーグ制覇を決めていたからだ。

セルティックファンにとって、レンジャーズをプレミアシップで置き去りにすることが快楽なら、両方のカップ戦で打ち負かすことは、じっくり味わうべき娯楽だった。リーグカップ決勝では終始試合を支配する一方的な展開の末、2対1で勝利した。ハムデンパークでのスコティッシュ・カップ準決勝では、決して素晴らしい出来とは言えない試合を1対0でものにした。真価を発揮せずに勝ったことは、彼我の差を如実に示していた。セルティックは勝利が求められる試合において、必要最低限の仕事を完遂したのである。

ポステコグルーたちがいかにスコットランドを支配していたかは、彼らに対する評価尺度の急速な変化にも表れている。多くの人にとって、セルティックを測る物差しはスコットランドでの成績ではなく、チャンピオンズリーグでインパクトを残せるかどうかになっていた。そして、2012／13シーズンのセルティック以降、スコットランドのクラブは一度もこの大会でベスト16に進んでいなかった。

記録にあるとおり、セルティックはチャンピオンズリーグの6試合で勝ち点を2ポイントしか取れず、グループFを最下位で終えた。まず、シャフタル・ドネツク相手に勝てなかったことについては、一般的に好機を逃したとみられている。シャフタルは母国ウクライナでの戦争の影響を受け、ホーム戦を隣国ポーランドの首都ワルシャワで開催せざるをえなかったからだ。また、RBライプツィヒから1ポイントも取れなかったことは、ポステコグルーが状況に適応して守りを固め、スコアレスドローを狙うことに失敗したとみなされた。ライプツィヒは当時、のちに6300万ポンドでチェルシーに移籍するクリストファー・ンクンクを最前線に据え、ワールドカップでスターダムに駆け上がるヨシュコ・グバルディオルが最終ラインを固めていた。では、レアル・マドリードとの試合はどう評価されたのだろうか。世界最高峰の富裕クラブによる大会に復帰したセルティックは、そのグループステージの初戦と最終戦でレアル・マドリードと対戦した。この2試合をスコアの裏側まで見たとき、あなたはどう評価するだろうか。

ホームでの初戦は0対3の完敗に終わり、敵地サンティアゴ・ベルナベウでの最終戦は1対5の大敗だった。レアル・マドリードはチャンピオンズリーグで優勝する能力において超常現象さながらの域にあり、この大会での強さは監督や選手の質の高さだけでは説明できないレベルに達している。セルティックは前年王者の彼らを倒すには程遠かったが、どちらの試合も視野を広げて評価する必要がある。

セルティックは本拠地セルティックパークでの試合、センターフォワードに入ったギオルゴス・ギアクマキス（現在はメジャーリーグサッカー〔MLS〕のアトランタ・ユナイテッドに所属）を先頭にピッチ全域でプレスをかけ、相手選手を悩ませ、追い詰めた。それどころか、勝つチャンスも十分に生み出した。リエル・アバダが序盤に2回の得点機を迎えたほか、まだ0対0だった後半立ち上がりには前田大然が絶好機を決め損ねた。その後、近年のチャンピオンズリーグでレアル・マドリードと対戦したほぼ全チームと同様に、決定機を無駄にした代償を支払うことになったわけだ。敵地マドリードの試合では、前半早々から立て続けにペナルティキックで2点を献上したうえに、自分たちが獲得したペナルティキックをヨシプ・ユラノビッチが外してしまった。しかし、試合の出来は1対5という最終スコアから想像するほど悪くはなかった。

グループ3位に入れば一段格下のヨーロッパリーグに回れたが、セルティックはそれにも失敗した。敗退後、ポステコグルーはどこで誤ったのか、などとしつこく説明する解説者やファンが雲霞のごとく発生した。その言い分は「ほらな、あいつはわかってなかっただろ？　自分のチームと世界最高のチームの質がかけ離れていることが、理解できなかったのかもしれない。ドアを閉め切っておくべきところで、開け放っていた。もっと慎重なやり方なら4~5ポイント取れたかもしれないが、リスクを冒した」といったところだ。セルティックがチャンピオンズリーグのグループステージに進出したのは2017/18シーズン以来だったが、長く蚊帳の外にいたことは取るに足らない事実として無視された。批判派の多くは「ポステコグルーに感化された夢想家たちには、実戦的な賢さが足りない」と嘆いてもいた。そして、その手合いはベルギーのクラブ・ブルッヘを引き合いに出した。グループBでアトレティコ・マドリードやバイヤー・レバークーゼンを上回り、FCポルトに次ぐ2位に入ったからだ。「セルティックもああすべきだった」というのである。ブルッヘのチャンピオンズリーグ出場が連続5シーズン目だったことや、実体験が改善につながり、経験が余裕につながることは、一顧だにしなかった。

もちろん、ポステコグルー本人は、相手の質が高いからといって唐突に自分たちの売りを引っ込めたりしないという意志を貫いた。彼はセルティックがチャンピオンズリーグで得たものについて、次のように語った。

「この道にこだわり、この道を進み続けてこそ、成功したことになると私は考える。自分たちのやり方がうまくいかないと感じたからといって、すべてを捨てて違う方法をとっても成功とは呼べない。この前、ブルッへのことを言う人がいた。ブルッへのチャンピオンズリーグでの過去の成績を見れば、あの好順位に入るまでどれだけ時間がかかったかがわかる。しかし、チャンピオンズリーグに出続け、ドアを叩き続け、一貫した戦い方を続ければ、うちのようなクラブにもすべてがうまく重なる年が来ると信じている。それまでポストに当たっていたシュートが枠に入ったり、それまで逃していた開始1分のチャンスが先制点になり、観衆が味方になったりする。そういうこと全部が、いつか重なる。

しかし、今みたいな状況に置かれたとき、試合に勝てなかったからといってすべて捨て去り、うまくいかないと決めつけていたら、そういうよき日は絶対に来ない。来シーズンになって違ったやり方をしたら、その瞬間に今シーズンが成功ではなくなる。私にとっての基準はそこにある」

ポステコグルーは、自分が純粋に美を追求し、勝ち点とチームへの称賛を等価とみなしているとの誤解を戒めるように、次のように指摘した。

「名誉な結果だとは思っていない。試合には勝ちたいし、負けるのは嫌いだ。皆と同じように、私もがっかりしている。しかし、私は自分たちのスタイルでプレーすることを、この大会、このグループにおけるチームの課題とした。今の言葉があなたや私が見たものと食い違っていたら、私たちの取り組みすべてに疑問が生じることだろう。だが、私たちは自陣にこもらず攻撃的にプレーして、チャンスをつくりたいと言っていた。そして、私の見解では、その言葉を実践した。ただし、すべての試合でファイナルサードでの仕上げが足りなかった。ポーランドでのシャフタル戦もそうだ。現時点ではそこの細部に差がある。シュートが何度もポストを叩き、決められる絶好機をいくつか逃した。だから、勝利に届かなかった。

しかし、非常に優れたチームに対して選手が失点や大敗を恐れず、最強の相手にさえ勇敢に打って出て、相手陣内に攻め込んだことを心から誇りに思っている。そのことを心強く感じてもいる。改善していけば、これを続ければ……まずはこのレベルに到達し続けなければならないわけだが、チャンピオンズリーグ本戦に毎年出場し、今年と同じようにボールを持ってチャンスをつくるプレーを何年も続ければ、いつかはいい順位に入る。それが、うちのようなクラブがすべきことだ。いつかすべてが重なり、成功が手に入る」

もちろん、グラスゴーでサッカーと生きる者なら、ポステコグルーほどの成功を収めた監督は早晩去っていくという事実を知っている。彼をめぐる言説、とりわけ次のステップに関するそれは、1シーズン目に優勝を果たした瞬間から構築されていった。次のタイトルを獲得する頃には、プレミアリーグから十分な条件で誘いがあった場合、彼がセルティックを出たがるのか、チャンピオンズリーグへの再挑戦を選ぶのかがしきりに話題となっていた。レンジャーズの挑戦が力強さを欠き、三日ともたない話題しか提供できなかったことも一因だが、ポステコグルーのその後に誰もが一家言ある状況だった。

ポステコグルーの知己たちはいつも、彼の野心はセルティックパークにとどまらないと思っていた。過去の記録が示すとおり、ポステコグルーは時機が来れば自分にとって最適な決断をする。どれほど熱烈なセルティックファンでも、このことに驚いたりはしないだろう。仕事は仕事なのだ。

彼をよく知る人々の間では、プレミアリーグ行きの可能性がずっと関心の的だった。トッテナムからの誘いがある前でさえ、当人にとってプレミアが何を意味するのかを重々承知していたからだ。

唯一驚きがあったとすれば、グラスゴーを去るときの展開の速さかもしれない。2023年の6月初め、ポステコグルーがトッテナムの監督候補の筆頭に昇格したという話を初めて耳にしてから、ブックメーカーが賭けを締め切り、いまや慣例となっている公式サイトやSNSでの就任発表があるまで、わずか数日で事が運んだのだ。この数日間にはスコティッシュ・カップ決勝での三冠達成が挟まっていたが、まるで小事だったかのようだ。それでも、プレミア行きに集中を乱されることは微塵もなかった。

別れというものの例に漏れず、ポステコグルーの決断に対するセルティックファンの反応は好悪入り交じっていた。しかし、いずれは皆、彼の強力な存在感がクラブに確かな痕跡を残したことに、心の平穏を見いだすだろう。

イングランドで仕事をする機会が訪れたとき、ポステコグルーは躊躇していられなかった。グラスゴー生まれで筋金入りのセルティックファン、スティーブ・ブレアでさえ、時間とともにその事実を受け入れたようだ。現実主義者のブレアは、サッカー監督という仕事でどれほどの無慈悲が起こりうるかを理解していた。ただ、旧知の友が〝自分のチーム〟で成功する姿を純粋に楽しんでいたのである。

メルボルン取材でのブレアとの会話は、毎回楽しくて仕方がなかった。彼はあるとき、深く椅子に腰掛け、笑みを浮かべながら語ってくれた。「練習で二人一組になるときは、いつもあいつと一緒だった。仲が良かったし、ディフェンダー同士だったからだ。なんてことない反復練習だった。練習場はここからほんの30分のところにある。当時はメイングラウンドにも大型の照明灯がなくて、ポールのてっぺんに電球が1個ついてるだけ。その周りで練習しなけりゃならなかった。明るいところと暗いところが半々で、練習の仕上げのミニゲームでは明るい場所までゴールを移動させる必要があった。だから、俺と一緒にそんな場所にいたって考えたら、あいつがセルティックを率いてサンティアゴ・ベルナベウ・スタジアムに立ったことも、ハムデンでカップ決勝を戦ったことも……ここからあんなところまで行くなんて、とにかく素晴らしい。伝える価値のある物語だ」

これまでのポステコグルーの歩みには、心踊る要素が豊富に詰まっている。サッカーがセミプロのマイナースポーツにすぎない国で育ったことをはじめ、逆境を乗り越えた半生には間違いなく心惹かれるものがある。しかも、この物語はまだ終わっていない。トッテナムで何が起ころうと、ポステコグルーの歩みは続いていく。本人を知る者に話を聞けば、知識を獲得し、更新することへの彼の貪欲さが必ず話題になるだろう。時代が移っても、価値ある人間でいようとしているからだ。サッカーについて絶えず学びながら、2000年代初めに生まれた選手たちに合った働きかけ方を見いだそうと本気で努力している。練習や試合で選手の反応を引き出すためのきっかけは、20代のポステコグルーを動かしたのと違っていることがある。本人が認めているように、彼が監督引退の潮時を悟るとしたら、それはロッカールームで選手の注目を集められなくなり、メッセージが浸透していないと感じたときだ。

今のところ、彼はさまざまな状況でメッセージのアップデートに成功し、非常に個人的な出来事を伝えながら共感を広げる方法をいろいろと見いだしている。

ポステコグルーは2020年3月、ポッドキャスト『マスターマインズ―ハイ・パフォーマンス・スポーツ』のアンソニー・ハドソンとのインタビューで、自身の信念体系について説明している。このテーマにおける本人のまとめとしては、これが最も優れているかもしれない。

「私が育った国ではサッカーがセミプロのスポーツで、チャンスが多くなかった。それから長い年月を経て、私は監督としてワールドカップに出場し、クラブで優勝を果たし、素晴らしいことを成し遂げた。なぜなら、オーストラリア人の常識にないことを信じていたからだ。自分が経験してきたことについては、ものすごく恵まれていたと感じている。おかげで、それを物語にして伝えられる。私は違うことがしたい。飛び抜けたことがしたい。そうして、自分のチームが成績を超えた部分で話題にされるようにしたい。

私はいつも若手指導者たちに、自分の哲学を知るための簡単な方法を教えている。まず、自分のキャリアが懸かった試合が今週末にあると想像する。そして、どうプレーするかを思い浮かべる。それが監督としての自分の哲学だ。そこで自然と『決まってるじゃないか。そんなに大きくて大事な試合なら、負けない戦い方をする。失点せず、リスクを冒さないようにする』と考えるなら、それが君の歩き方ということだ。思ったとおりにして、望みを実現すべきだ。私の場合、今週末に監督キャリアが懸かった試合があるとしたら、積極的に行く。1点でも多く取りたい。

選手たちには、いつも最初に物語を用意するようにしている。この世で達成された偉業はすべて、初めは不可能だと思われていた。だから物語の冒頭では、自分たちが今始めようとしていることは、疑いの目で見られるだろうと伝える。自分たちの挑戦は悲観されたり誤解されたりするだろう、と。だが、それこそが人生で何かやり遂げるということだ。

私たちの常識は、すでに世界に知られていることや、すでに達成されたことでできている。大事なのは、まだ知られていないことでも、私たちにはできるということだ。リスクを冒さなければならない。確実と言えないことを信じなければならない。そういう物語を順を追って伝え、次のステップを常に予告することで、選手やスタッフ、クラブの信頼が深まっていく。

多くの場合、私は自分自身や父のことを話す。そして、そういう深いところに話が及ぶと、選手は理解する。この物語がメッセージを伝えるための単なる創作ではなく、私が人生で本当にしてきた旅のことを言っているのだ、と」

謝辞

まず、アンジェ・ポステコグルーの友人や元同僚の多くが、寛大にも本書の取材に時間を割き、深い見識を授けてくれたことに感謝する。かつてポステコグルーとともに働いた人々に話を聞き、彼が暮らしたプララン地区を散策したメルボルンでの6日間は、非常に楽しい時間だった。取材の約束が1件しかないまま渡航したにもかかわらず、帰途に就く頃には本を2冊書けるだけの素材が集まった。インタビューに応じてくれた人すべてに大いに助けられたが、素晴らしい写真とたくさんの笑いを提供してくれたスティーブ・ブレアには、特に名前を記して感謝を伝えたい。

最愛の妻、ローナへの感謝も忘れてはならない。彼女はすべて章の最初の読者となってくれた。その意見と助言には計り知れない価値があった。

バーリン社の面々にも感謝している。まずは、非の打ちどころのない企画を提案し、書籍出版に不慣れな私を導いてくれたポール・スミスに。そして、コピーエディターのイアン・グリーンシルや、本書を形にしてくれた数えきれないほどの陰の英雄たちにも。みんな最高の仕事をしてくれた。どうか、あとはよく休んでほしい。

解説

一貫した姿勢は絶対に崩さない

下田恒幸

私はライターでも評論家でもありませんが、Jリーグやプレミアリーグを放送席という俯瞰した場所から見続けている人間として、アンジェ・ポステコグルーという監督がどう映っているのか。それを忌憚なく語ってほしいとリクエストされ、今回の命をお受けいたしました。解説文というほど大それたものではありませんが、ちょっとお耳を傾けていただければ幸いです。

私の知っている、アンジェ・ポステコグルーは、あまり感情を表に出さない人。どの監督であれ、インタビューのとき、チームが負けたことに対して取材者に突かれれば、たいていは顔をしかめたり、声を荒げたりしますが、ポステコグルーの場合はカチンとくるような質問に対しても「そうじゃないんだ。やることをやっていないから勝てないだけだ」と返すことがほとんど。表情もそれほど変えない人です。ゴールが決まったり、チームが勝っても、ベンチから駆け出して、こぶしを突き上げて跳びはねたりする姿もほとんど見た記憶がありません。

ポステコグルーという監督の印象は良い意味で頑固。横浜F・マリノスを退団するまで、どのような試合であれ、インタビューで答える口調と語る内容は大きく変わることはありませんでした。相手をあまり崩せない試合だったとして、記者の口から「相手や状況に応じた戦い方を……」のような言葉が出ても「いや、そうではない。俺たちが何をやるかだ」と答えは一貫していました。彼の受け答えを聞いていると、話している内容がほとんどブレない。チームの状態が良くても悪くても彼の答えはいつも一貫していました。取材者的には期待する答えが少なくて何かを書くにしても困るだろうなと思うくらい、彼は一貫していた。もっというと頑固でした。

ポステコグルーが来日した2018年当時、F・マリノスの試合を中継するにあたり、彼のキャリアを調べていてあることに気がつきました。このギリシャ生まれのオーストラリア人は、監督として、どこのチームでも結局のところ優勝を引き寄せているのです。オーストラリアのクラブを率いていたときも、複数のクラブに優勝をもたらしています。オーストラリア代表監督としては、2015年のアジアカップ決勝で韓国と対戦。後半のアディショナルタイムになってソン・フンミンに同点ゴールを許しましたが、延長戦を制し、初のアジアカップ制覇を果たしているのです。

彼はなぜ勝者であり続けられたのか。本書を読み進めていくと興味深い話が多く、なるほどと頷ける話がいくつも出てきます。

その一つに、ポステコグルーが選手時代にフェレンツ・プスカシュの指導を受け、彼に大きな影響を受けているという事実です。サッカーの指導者であれば、過去に自分が仕えた監督の影響は少なからず受けます。ジネディーヌ・ジダンはカルロ・アンチェロッティ監督の指導をユベントスやレアル・マドリードで受け、ジョゼップ（ペップ）・グアルディオラが選手時代に師事したヨハン・クライフから強く影響されているのは有名な話です。そのグアルディオラにコーチとして仕えたミケル・アルテタも明らかにペップの影響を受けています。感性の鋭い選手が有能な監督とともに戦った経験から吸収したものを咀嚼して、自分へとフィードバックしていく。当のポステコグルーも選手時代の終盤にサウスメルボルンSCでプスカシュと3年間をともにしています。本書を読むと、プスカシュは「2点取られたら、こっちは4点取るぞ。チャンスがあったら、とにかくシュートしろ！」というようなサッカーをしていたことがわかります。現在のポステコグルーの思考と似ています。

しかし、あのプスカシュがオーストラリアのクラブで指揮していたのは大きな驚きです。本書に「サウスメルボルンの取締役会がジネディーヌ・ジダンを説得し、人生のうちの一瞬だけ監督を務めさせるような話だと思ってほしい」との記述がありますが、まさにそのとおりでしょう。

私が最初にポステコグルー率いる横浜F・マリノスの試合を見たのは、2018年3月2日（金）のJ1リーグ第2節の柏レイソル戦です。当日は別の試合の実況担当だったので現場で観たわけではありませんが、少し先にF・マリノス戦の実況を担当することになっていたので、その準備として録画で観たのが最初です。当時のメモには「これまでとだいぶやり方が変わっている」と書かれています。前任監督のエリク・モンバエルツは守備をベースに前に速いサッカーを志向していましたが、ポステコグルーのチームは驚くほど長い距離のパスが少なく、ボールを保持する意識が高かった。そして、もう一つ印象に残ったのが設定していた最終ラインの高さ。当時の自分は「果たしてミロシュ・デゲネクと中澤佑二で大丈夫だろうか」と危惧を感じつつ、チーム全体の印象として「ボールを持つと切り替えが早い。これは一貫している。ただ奪い返したときにすぐに攻め切るまでのレベルにない。発展途上なのではないか」とも記しています。

はじめてポステコグルーが率いるF・マリノスの試合を実況したのは、翌々週14日（水）に行われたJリーグYBCルヴァンカップのグループステージ第2節、ベガルタ仙台戦。0対0

のスコアレスドローで、特になんてことのない試合でしたが、戦い方が特徴的だったので、この試合は今でも鮮明に覚えています。

まずボールを持ったときにアウトサイドから攻めることを徹底していました。この試合は、ユン・イルロク（現蔚山現代ＦＣ）とイッペイ・シノヅカがウイングプレーヤーで、この２人がマリノスの攻撃の鍵を握っていましたが、なかなか思うように突破ができず、有効なチャンスはつくれませんでした。それでもポステコグルーは愚直なまでに攻撃になるとウイングに高い位置をとらせ、そこからの突破にこだわり、それを繰り返しました。

そして、この試合で徹底していたのが、ゴールキーパー飯倉大樹のポジショニングです。ディフェンスが超ハイラインを維持しているので、飯倉が頻繁に自陣のミドルサードに顔を出し、ビルドアップにも参加していたのです。ゴールキーパーでありながらフィールドプレーヤー的に関わる時間があまりに多かったため「飯倉、またボックスの外で関わります」と、そのプレーぶりを実況で強調したのをよく覚えています。このポジショニングは、のちにサポーターから〝飯倉チャレンジ〟と呼ばれ有名になっています。

もう一つ、この試合でポステコグルーは、ミッドフィールダーが本職の山田康太（現ガンバ大阪）を右サイドバックで起用しました。山田は頻繁に中に入って中盤的に振る舞った。つまりサイドバックを内側に入らせる〝偽サイドバック〟と呼ばれる戦い方です。本書ではポステコグルーの通訳を務めていた今矢直城氏が次のような証言をしています。

「実際、最初のキャンプではサイドバックを外に張らせていました。一番外のレーンにいて、幅を生み出す役割です。それを、何週間かして内側に入らせた。いわゆる偽サイドバックですね。練習試合を見直していたときだと記憶していますが、日本人選手のパス強度がヨーロッパ系の選手ほどでないことにアンジェが気づいたんです。それで、パスの距離を縮めるためにサイドバックを中に入れました」

頑固で自分の哲学に強くこだわるポステコグルーですが、そのときの戦力にとってベストな戦い方に常に気を配り、臨機応変にアレンジを加える柔軟性を持っていることがよくわかるエピソードです。偽サイドバックといえば、ペップがFCバイエルン・ミュンヘンの監督時代にサイドバックのダビド・アラバやフィリップ・ラームにその役割を与えたのが恐らく走りだと思いますが、日本においてはポステコグルーが先駆者なのは間違いありません。

その2018年のシーズンをF・マリノスは12位で終えていますが、シーズン終盤、取材陣中から「結果が出てないのにやり方をほとんど変えない。このままじゃJ2降格の可能性もあるのでは？」と危惧する声が頻繁に聞こえてきたのを思い出します。ただ、下位に低迷していながらも、そこまでチームがピリピリしていたわけではなかったのも印象に残っています。あくまで私個人の印象ですが……。

そんななか、彼らは、優勝こそ逃しましたがJリーグYBCルヴァンカップで決勝まで勝ち上がりました。ポステコグルーはこんなコメントを残しています。

「面白いからとか楽しいからというだけで、このサッカーをやっているわけではない。このサッカーが一番勝つ確率が高いからやっている」

うまくいっていないときにも、彼の頭のなかでは、何が問題なのかが常に整理されていて、どううまくいっていないかが明確。だから、それが機能すればきっと勝てると。彼のなかでは色々なものが常に明確なんだと思います。

ただ、ポステコグルーが、どんなに優れた戦術を持ち込んだとしても、それを具現化する能力を持った選手がある程度そろっていなければ、求めるサッカーは表現しきれない。絵に描いた餅になります。そこでポステコグルーは1年目の途中から、自分のサッカーにアジャストできる選手を補強するために積極的に動きました。

手始めは2018年の夏、東京ヴェルディから獲得した畠中槙之輔。畠中はボールをつなぐ能力に長けたセンターバックです。また、翌シーズンには、足元の技術が優れたゴールキーパーの朴一圭（現サガン鳥栖）をFC琉球から獲得、左利きでボールを持てるタイ代表のサイドバック・ティーラトンと、ライン間を動いて攻撃に絡むのが巧みな三好康児（現バーミンガム・シティFC）をローン移籍で獲得。前線にはブラジルからマルコス・ジュニオール（現サンフレッチェ広島）を加えています。

本書のなかには、「最後は自分一人の判断なのだ。その選手を推薦するスポーティングダイレクターや移籍責任者が何人いようと、監督自身が獲得に前向きである必要がある」という記述もあり、そのためには「自分（ポステコグルー）が望むサッカーをはっきり理解しイメージできること。それがあれば大半はうまくいく」というのです。

これはまさに、当時のF・マリノスの補強とリンクします。そして本書「第11章　日本人選手との出会い」のページをめくっていると改めて納得することができます。ポステコグルーの目指すサッカーに対して適した人材探しを、シティ・フットボール・グループ（CFG）の援助を受けながら強化部門が奔走していたわけです。こうしてポステコグルーが納得する選手を追加したことでマリノスは2年目から一気にブラッシュアップされ、15年ぶりのJ1リーグ優勝を勝ち取れたのではないかと思います。

実は先日（2024年4月10日）、横浜F・マリノス対ガンバ大阪の試合を実況したあと、ミックスゾーンに行き、畠中槙之輔選手に声をかけました。彼とは、以前の取材を通して面識がありました。そのときの雑談のなかで「ポステコグルーってどうでした？」と質問したときに、彼は手短に「アンジェはすごいです！」と。その際は時間がなくてそれ以上掘り下げて聞けなかったのですが、何がすごかったのか、私はずっと気になっていました。そこで本書について コメントするに当たり、彼に発言の真意を確かめにいったのです。

「本当に勝っても負けてもブレないところが〝すごい〟んです。どんな監督でも、調子が悪くて負けが込むと変わるのが普通なんですよ。でもアンジェはブレない、変わらない。そして練習のときの要求が高いんです。細かい部分を見逃さない。ちょっとしたトラップでも、アンジェの要求しているレベルに達していなければ、すべて指摘されます」

ただ頑なに理想論をぶちかますのではなく、ここまでやればこうなるというイメージを明確に伝えることができるということなのでしょう。「何」や「なぜ」のディテールが彼のなかでは明確で、それを選手に明確に言語化して説明する能力が圧倒的に高い。だから選手たちは指摘されれば「あっ、そうだな」と納得するしかない。しかも強要するのではなくて、「勝ちたいだろ、点を取りたいだろ、こうやれば点は取れるだろ」と、そんなふうに煽って選手の心に火をつけているんじゃないかと推測できます。

ポステコグルーを迎えて3年目のシーズンは9位に低迷しましたが、これは新型コロナウイルスの影響によって過密な日程を余儀なくされたことが一因でしょう。我々、実況者ですら、週末だけではなくミッドウィークに頻繁に試合が組まれていたため、中継の準備をするだけでアップアップになったくらいです。走ることを強く要求されるポステコグルーのスタイルにとっては色々なものが大変だったはずですし、準備の時間も足りなかったはずです。特に終盤戦はアジアチャンピオンズリーグ（ACL）も並行してありましたから、満足に休養がとれずに疲弊し、試合の質が下がってしまった印象が強かったのは間違いありません。

2021年の6月、ポステコグルーはスコットランドのセルティックFCに引き抜かれます。セルティックは欧州列強のクラブではありませんが、チャンピオンズリーグ出場の可能性がある古豪です。彼のスタイルを考えれば、スコットランドでもっとも質の高い選手をそろえることのできるクラブだったことも成功の要因だと考えます。するとポステコグルーは、日本から古橋亨梧、前田大然、旗手怜央を獲得します。セルティックが勝つための、セルティックが優勝するための戦力として日本人プレーヤーを欲したわけですから、我々日本人にとって誇らしい出来事でした。ポステコグルーのこだわりを表現するためのピースとして、日本人選手が欧米の選手と比べてそん色ないと言ってくれたようなものですから。

一方で、セルティックの監督に就任した当初、あまり結果が出ていなかったのが気になっていました。もしかすると早期に解任される可能性もあるのでは？　と危惧しましたが、本書にも複数のエピソードが出てくるように、ポステコグルーは土壇場での勝負強さを持っています。論理的に説明するのはとても難しいですが、とにかく瀬戸際に追い込まれたときに勝つことができる。つまり、彼は人生の大事なタイミングで、ことごとく際（きわ）の試合をものにしている。セルティックの1年目はクビのかかっていた第8節のアバディーンFC戦に勝利。サウスメルボルン時代も勝利を逃せばクビになる可能性のあったカードで87分に点をとって勝っている。「87分だろうが何だろうが、点を取って勝つのは必然だ」と彼は何事もなかったかのように言うかもしれません。信念があるだけではなくて際に強いのがポステコグルー。そういう運ももっている人なのだと感じます。

そして2023年6月6日、アンジェ・ポステコグルーは、イングランド・プレミアリーグのトッテナム・ホットスパーFCの監督に就任しました。私は、その知らせを聞いたとき、果たしてポステコグルーが受け入れられるか半信半疑でした。失礼な言い方ですが、彼は日本とスコットランドでしか実績のないオーストラリア人の監督です。しかしトッテナムは、世界最高峰のプレミアリーグのトップクラブ。そもそもこれまでポステコグルーが関わってきたクラブとは選手の格が違います。所属しているのはワールドクラスの選手たち。誰もが選手としての能力が極めて高いだけでなくプライドも相当高い。そして、各々が自分のサッカー観や信念に強い自信を持っている。だから指導者の言葉であっても、納得できなければ反発することもあるでしょうし、もしかすると聞く耳をもたないことすらあるかもしれない。そんな超一流がそろうクラブで、ポステコグルーがチームをコントロールできるのだろうか。個人的には期待感よりも危惧のほうが強かった。

だから、就任1年目の序盤からいきなり結果が出たのは意外と言えば意外でした。そして結果が出ただけでなく、ポステコグルーによって、トッテナムはプレミアリーグのなかで、より魅力的な戦い方をするチームになりました。


サッカーという競技は、攻撃しているほうが楽しいですし、守備者であっても攻撃が嫌いな人はあまりいないはずです。誰だってボールを支配して、たくさん点を取りたい。そうは言っても、チームが負けてしまっては元も子もないので、みんな折り合いをつけてプレーしている。

しかし、ポステコグルーはプレミアリーグでも変わらずに自分のスタイルに対して実に頑固で一貫しています。本当にブレないし変わらない。顕著だったのが、2023年11月6日のチェルシー戦。スパーズは退場者を2人出したのにもかかわらず、タイムアップになるまで驚くほどのハイラインを維持し、その攻撃的なスタイルを崩しませんでした。結果的に敗れましたが、この試合まで開幕から10戦無敗と結果が出ていたこともあり、選手たちからスタイルに対する自負が感じられました。何よりプレーして楽しいサッカーだと感じていたこともポジティブなエネルギーになっていたように映りました。いくら理想を掲げても、勝てなくなってくると選手の心も離れるものです。でも、ポステコグルーの場合はほとんどのチームで、しっかりと結果がついてくる。そこは改めて〝すごい〟監督だなと思います。

さて、ここまで私自身のポステコグルーの記憶をたどってきましたが、最後にポステコグルーという監督の今後について。

まず、しばらくはスパーズを指揮し、プレミアリーグの優勝を争うチームに仕立て上げて欲しいという期待があります。今や「ビッグ6」の一角とされるスパーズですが、彼らは伝統的に勝負弱いクラブと言われています。英国内では、大事なところで弱いことを揶揄した〝スパージー〟という言葉があるくらいですから。彼らは2014／15シーズンにマウリシオ・ポチェッティーノを招聘して若い選手を叩きあげながら、攻撃的でアグレッシブなチームをつくってきた。ただ、彼を解任したあと、ジョゼ・モウリーニョ、アントニオ・コンテという守備に特徴のある監督にチームを託した。でもうまくいかなかった。あくまで私見ですが、スパーズはアグレッシブで攻撃的なほうが性に合ってると感じます。ならば、ポステコグルーらしい徹底的に攻撃的なサッカーを貫き、ぜひクラブにとって2007／08シーズン以来（リーグカップ優勝）のタイトルをもたらして欲しいと思います。

そして最後に。

本書に記されているように、彼は少年時代にリバプールに魅了され、当時の指揮官ビル・シャンクリーに関する本を読みあさったくらいのリバプールファンです。いつの日か、彼、ポステコグルーが、あの情熱的な赤いサポーターたちの声が渦巻くアンフィールドで、イングランド屈指の名門クラブを率い、驚くような攻撃的なフットボールを展開し、プレミアリーグを席巻することを願ってやみません。スパーズファンの皆さん、怒らないでくださいね（笑）。でも、彼のパーソナリティと哲学は、きっとマージーサイドの名門の情熱と親和性が高いと思うのです。

[著者]

ジョン・グリーチャン
John Greechan

英スコットランドのエディンバラを拠点とするスポーツ記者兼コミュニケーション・コサルタント。スコットランドとイングランドで30年のキャリアがある。このうち20年はタブロイド紙スコティッシュ・デーリー・メールで主任スポーツ記者を務め、アマチュアサッカーからオリンピック、ラグビー·ワールドカップ、ゴルフの全英オープン選手権を担当。2023年のスコティッシュ・プレス・アワードでは、年間最優秀コラムニスト、年間最優秀インタビュアーの最終候補に入った。スポーツに対する愛は指導や戦術にも及び、欧州サッカー連盟（UEFA）のC級ライセンスやスコットランドサッカー協会（SFA）のタレントIDアワード、FCバルセロナが運営するバルサ・イノベーション大学の上級戦術分析プログラムを修了。

[訳者]

高取 芳彦
Yoshihiko Takatori

法政大学人間環境学部卒業。書籍翻訳のほか、ニュース記事の翻訳·編集を手がける。訳書に『FCバルセロナ 常勝の組織学』、『ビジネス・フォー・パンクス』、『WE ARE DATA アルゴリズムが「私」を決める』(共に日経BP)、『サイバー完全兵器』(朝日新聞出版)、『絶滅動物は甦らせるべきか?』（双葉社）などがある。

装丁　三森健太（JUNGLE）
本文デザイン・DTP　松浦 竜矢
カバー写真　AP/アフロ
校正　東京出版サービスセンター
編集協力　山本 浩之
編集　吉村 洋人

アンジェ・ポステコグルー　変革者

2024（令和6）年5月31日　初版第1刷発行

著者　ジョン・グリーチャン
訳者　高取 芳彦
解説　下田 恒幸
発行者　錦織 圭之介
発行所　株式会社 東洋館出版社
〒101-0054　東京都千代田区神田錦町2-9-1
コンフォール安田ビル 2F
（代　表）　TEL 03-6778-4343　FAX 03-5281-8091
（営業部）　TEL 03-6778-7278　FAX 03-5281-8092
URL　https://toyokanbooks.com/

印刷・製本　株式会社シナノ

ISBN　978-4-491-05571-8 / Printed in Japan